マルクスの「フェティシズム・ノート」を読む
偉大なる、聖なる人間の発見

石塚正英 著

社会評論社

はじめに

　唯物史観と剰余価値学説を確立する以前に、或いは共産主義者同盟や第一インターナショナルの指導者として世界史に登場する以前に、若いマルクスがライン州でジャーナリストの体験をしたこと、これは周知の事実である。また、そのジャーナリスト時代、すなわちケルンで『ライン新聞』の編集に携わっていた期間（1842〜43）に、マルクスが、その後における自己の思想形成にとってたいへん重要な思想的・倫理的・理論的研鑽を積んだことも、メーリングやルカーチの指摘をまつまでもなく、早くから明らかにされている。

　だがそのような、いわば修業時代の青年マルクスの流動的な思想形成期の只中に、時として『資本論』（第1巻、1867）を著わした頃のマルクスの、『ゴータ綱領批判』（1875）期のマルクスの、煮詰められた思想的エッセンスを無意識に持ち込んでしまうケースが、まま見うけられる。この傾向は特に、若いマルクスが先行の社会主義者ないし残余の同時代思想家からすでにどれだけ秀でていたかという点や、後年の完成されたマルクス思想に特徴的なことがらが若い頃にどの程度まで萌芽として垣間見られたかという点を調査した研究に、往々際立っている。若いマルクスに対するそのような読み込みは是が非でも慎まねばならないと自戒しながら、けっきょくのところ無意識にその陥穽にはまってしまった例として、向坂逸郎の論考「『ライン新聞』におけるマルクスの思想」（所収：『マルクス経済学の基本問題』岩波書店、1962）がある。「『ライン新聞』の時代に、マルクスの中にマルクシズムへの発展の芽が、どのように存していたかである。注意深い読者には、『ライン新聞』の中にすでにこの発展の契機が、つかまれていることがわかる」。（同書、69-70頁）向坂は、若いがゆえのマルクス思想の意外な展開・振幅・多様性でなく、賢いがゆえの一方向性を強調するという、かような発想のもとに、いま一つの論考「『物神性』の発見」をも執筆した。その中で向坂は、「この物神性の発見によって、『資本論』は不朽のものとなった」。（同書、99頁）と綴っている。その際「この物神性の発見」は、なによりもまず『ライン新聞』時代にその発端がみられるとされているのである。

　ところで、今回私が、マルクスの『フェティシズム・ノート』（1842春の

摘要と推定される）を注解付きで邦訳・紹介しようと考える動機は、向坂のフェティシズム言及の動機と、表面的には、まるで違う。私は、『ライン新聞』に係わる直前マルクスがシャル゠ド゠ブロス（1709～77）の著作『フェティシュ諸神の崇拝』（1760、2008 年に法政大学出版局から杉本隆司訳が刊行された）をピストリウスによる独訳本（1785）で読み、これを通じ、炎燃えさかるがごとき思いで描き出したフェティシズム的人間観が、その後いかに急走に失われてしまったかを、まず第一に問題としたいのである。また第二には、若いマルクスがほんのいっとき握りしめたド゠ブロス的・フェティシズム的人間観が、ずっと後の、最晩年の 1882 年秋に、持病で苦しみつつジョン゠ラボック著『文明の起原』（1870）を読書した老マルクスの脳裏に不死鳥のごとく飛来したことを、最大重要視したいのである。

　若いマルクスは、1842 年 10 月 25 日付『ライン新聞』第 298 号において、次の発言を放った。

　「ごくひろい意味での封建制度は、精神的な動物の国であり、区分された人類の世界である。この世界は、みずから区別する人類の世界に対立するものであって、後者（みずから区別する人類の世界、すなわちフェティシズムの世界）においてはたとえ不平等があるかにみえても、実はそれは平等がおりなす色模様にほかならない。未発達な封建制度の国やカースト制度の国（つまり区分された人類の世界）では、人間は文字どおりカーストに分割されており、偉大なる聖なるもの、すなわち聖なる人間の（des großen Heiligen, des heiligen Humanus）高貴な、自由に相互に交流し合う構成分子が、切りさかれ、たたき切られ、強制的に引き裂かれているところであるから、これらの国ではまた動物崇拝、すなわち本来的な姿での動物崇拝が存在する。」（MEW, Bd.1. S.115, 大月版『全集』第 1 巻、133-134 頁、カッコ内は石塚、一部改訳）

　ここでマルクスは、「カーストに分割され」た、「強制的に引き裂かれ」た時代に特徴的な動物崇拝よりも以前に存在した、「偉大なる聖なるもの」「聖なる人間」の時代に特徴的な或るひとつの精神運動を、語らずして語っている。これはヘーゲルにでなく、ド゠ブロスその人に感化された若いマルクスの思想的炎のほとばしりである。それこそまさしく、彼が 1842 年 7 月 10 日付、11 月 3 日付論説で力説した「フェティシズム」なのだ。私は、『資本論』に発展するフェティシズム理論——私のいうネガティヴ・フェティシズム——でなく、『資本論』に行き着く過程ですっかり萎縮してしまう方のフェ

ティシズム—私のいうポジティヴ・フェティシズム—を問い正したいがため、今回『フェティシズム・ノート』を読むのである。

　以下に注解付で記載する訳文は、次のように編集されている。まず第一、ゴシック部分は『ノート』の全訳（MEGA, IV/1, Dietz Verlag Berlin 1976, SS. 320-329）である。第二に、この『ノート』が読書メモであることから、各々ブロック（段落）ごとに分けて訳出され、各々の訳文にすぐ続けて明朝体の注解が付けられている。またその注解中、Ｐの文字で始まる部分は、マルクスの摘要に関連して、彼が直接読んだ、ド＝ブロス著作のピストリウス独訳本（*Über den Dienst der Fetischengötter, Berlin und Stralsund*, 1785）からの拙訳引用文である。また、Ｂの文字で始まるフランス語文は、マルクスは読んでいないもののピストリウスが独訳の底本としたド＝ブロス著作そのもの（*Du Culte des Dieux Fétiches*, 1760）からの、マルクスの摘要に直接係わる部分の、原文通りの引用である。さらに、Ｉの文字で始まる部分は、私の注解である。訳語選定にあたって、現在では差別的印象を与えるものは極力避けた。また、邦訳文献からの引用にあたり、本書の記述にふさわしい訳語・訳文に変更したことを記しておく。

　なお、この拙訳（本邦初訳）およびわがフェティシズム研究を多少とも意義あるものにすべく資料蒐集に奔走する私を、最も力強く支援して下さったお二人、布村一夫（1912-93）、今村仁司（1942-2007）の両氏に、ここであらためて深い謝意を表する。

マルクスの「フェティシズム・ノート」を読む
――偉大なる、聖なる人間の発見
目次

はじめに 3

第Ⅰ部 【検証】ド゠ブロス『フェティシュ諸神の崇拝』ドイツ語訳の摘要
第1章 アフリカ先住民およびそのほかの野生諸民族におけるフェティシズム 8
第2章 現在のフェティシズムとの比較における古代諸民族のフェティシズム 27
第3章 フェティシズムの諸原因 47

第Ⅱ部 古代史・人類学研究の遺産
第1章 マルクスのフェティシズム論 64
   1 若いマルクスのド゠ブロス読書――聖なる人間の発見 64
   2 経済学的フェティシズムの創始――転倒の世界としての宗教の夢幻境 78
   3 老マルクスの先史研究――神を攻撃するフェティシズム再見 88
第2章 フェティシズム史学の樹立にむけて 110
   1 唯物史観の原始無理解 110
   2 エンゲルス・クーノー・デュルケムの差異 115
   3 原始労働を律するもの 124

補論 フェティシズムと歴史知 139

あとがき 141

第Ⅰ部［検証］
ド＝ブロス『フェティシュ諸神の崇拝』ドイツ語訳の摘要

第1章　アフリカ先住民およびそのほかの 野生諸民族におけるフェティシズム

Ⅰ：このタイトルはド゠ブロス著作の第1章を指すが、マルクス、ピストリウス、ド゠ブロスにおける各々の表記は次の通り。Marx：Fetischismus der Neger und andrer Wilden.／Pistorius：Von dem itzigen Fetischismus der Negern und anderen wilden Nationen.／ de Brosses：Du Fétichisme actuel de Négres, & des autres Nations Sauvages. なお、以下の摘要には、便宜上、1ブロックごとに訳者による通し番号を付す。また、〈　〉は訳者の、〔　〕は MEGA 編者のそう入である。点線の傍線……は原文がイタリックである。因みに、ド゠ブロスの原文に登場する sauvage を、ピストリウスは Wilden と訳しているが、本邦訳では〝野生人〟としておく。また本訳文の通し番号17には〝Les Barbares de Cuba〟というくだりが登場するが、これをもピストリウスは Wilden とし、本邦訳でもまた〝野生人〟と訳しておく。民族学の未発達な18世紀のヨーロッパ、啓蒙期のフランスでは、それほどにあいまいな用い方で済んだのである。

だが断わっておかねばならない、1877年のモーガン『古代社会』刊行以降は、最古の人類社会について savagery（野生1）→ barbarism（野生2）→ civilization（文明）という厳密な時代区分を施すべきことを。またフェティシズムとの関係で付言すれば、モーガンの学説に照らすと、原始フェティシズムが全面的に存在しえたのは野生1の段階であったことになる。だがそうだからといって、本邦訳で1760年段階におけるド゠ブロスの sauvage や barbare、1785年段階におけるピストリウスの Wilden をモーガン的に読み込んだのでは、時代差の無視、歴史的事実の曲解に通ずる。ただそこで確認しておきたいことは、若いマルクスが Wilden は savagery とも barbarism とも不分明であったのに対し、老マルクスにおける Wilden は、明確に、モーガン的に区別された savagery と barbarism に分かれ、よりいっそう原初のものは前者に限定されるということである。以上の付言は、マルクスのフェティシズム論を解明するための、必要不可欠なことがらである。

1　セネガルと貿易をするヨーロッパ人が考え出したところのフェティシュ、ポルトガル語でいう、Fetisso、すなわち、魔法のかかった、神的本質、に由来し、Fatum、fari、に由来する。《神官たちはフェティシュを清祓する。》11頁

P：アフリカ西海岸、のみならずエジプトと境を接するヌビアに至るまでの、この大陸内の先住民は、ヨーロッパ人によってフェティシュと呼ばれている或る種の神を、崇拝の対象にしている。〈それは〉セネガルと貿易をするヨーロッパ人が考え出した語句で、しかもポルトガル語でいう Fetisso, すなわち魔法のかかった、神的な本質、ないし神託を為す事物から来ている。〈またしたがって〉ラテン語の幹語 Fatum〈神意、神託、運命の意〉に、fanum〈聖所の意〉、fari〈予言するの意〉に由来している。この神的なフェティシュは、一民族ないし一個人がほかの何よりもまず選びとり、儀礼を通じてかれらの神官たちに清祓させるところの、第一にして最高の物的対象にほかならない。S.11.

B：Les Négres de la côte occidentale d'Afrique, & même ceux de l'intérieur des terres jusqu'en Nubie, contrée limitrophe de l'Egypte, ont pour objet d'adoration certaines Divinités que les Européans appellant Fétiches, terme forgé par nos commerçans du Sénégal sur le mot Portugais *Fetisso*, c'est-a-dire, *chose fée, enchantée, divine* ou *rendant des oracles*; de la racine latine *Fatum, Fanum, Fari*. Ces Fétiches divins ne sont autre chose que le premier objet materiel qu'il plait à chaque nation ou à chaque particulier de choisir & de faire consacrer en cérémonie par ses Prêtres：…p.18.

I：ド＝ブロスが強調するフェティシュは〝偶像崇拝（idolâtrie）〟とはまるで違う。とりわけ、神化された人間の偶像崇拝という、本来の偶像崇拝とは断じて混同してならない。またフェティシュは、そのものの先とか奥の方とかに真の神性、崇拝の対象が潜んでいるのではなく、それ自体が崇拝の対象である点で、本物／偽物という図式は当てはまらない。原始フェティシズムは身代わりのようなものでもない。フェティシュ崇拝者にとってフェティシュとは、攻撃を前提とした崇拝の対象、和解を前提とした攻撃の対象であり、生の快活の源泉なのである。

2　先住民には太陽とフェティシュがほんとうの神がみ。12頁

P：先住民およびいたる処の野生人の大半は、神化された人間の偶像崇拝を知らない。彼らのもとにあっては、太陽とフェティシュとが、ほんとうの神がみなのである。S.12.

　B：Les Négres ainsi que la plupart des Sauvages ne connoissent point l'idolatrie des hommes dèïfiés. Chez eux le Soleil, ou les Fétiches sont les vrayes Divinités;…p.19-20.

　I：ド＝ブロスから直接フェティシズムを学ばなかった者、例えばヘーゲルなどは、フェティシュをあいまいに理解し、「フェティシュというのはポルトガル語の転訛であって、偶像（Idol）と同義（gleichbedeutend）である」と講義している。（『宗教哲学講義』）

　3　各国にはその民族のフェティシュ主神が存在し、そのほか各個人には各個のものがあって、それは彼の氏神である。〔12〕13頁
　P：各国にはその民族のフェティシュ主神が存在し、そのほか各個人には各個のものがあって、それは彼独自のものにして、いわば彼の氏神のごときものである。S. 12-13.

　B：Il y a dans chaque pays le Fétiche général de la Nation, outre lequel chaque particulier a le sien qui lui est proper & *Pénate*, …p.20.

　4　《「新しいフェティシユは、ただちに施物の山で埋められ、またもし人びとがその力についてふと思いついたような善い考えをこれが叶えてくれるなら、人びとはそれを最愛の守護神として崇拝するであろう、との厳かな誓約を受け取る。」》l. c
　P：〈この摘要はピストリウス訳本からの逐語引用である。なお、引用文末尾に記された略語 l.c. つまり「上記引用箇所において」の具体的な箇所は、ピストリウス訳本 S. 13 である。〉

　B：Le nouveau Fétiche est d'abord comblé de présens, avec promesse solennelle de l'honorer comme un patron chéri, s'il répond à l'opinion qu'on s'est tout d'un coup avisé d'avoir de sa puissance. P.21.

　I：フェティシュとその崇拝者とは相互依存的である。その点を捉えたデュルケムは次のように述べる。「依存は相互的である。神々もまた人を要する。供物や供犠がなくては、神は死んでしまうであろう」。（『宗教生活の原初形態』）

5 《「崇敬と畏怖の念から、自分たちのフェティシユを見ないようずっと慎んできた若干の者たち」》I.c

P：或る動物をフェティシュとしている人びとは、その肉をけっして食べない。それを殺すことは許し難い重罪となろう。そのような神聖をけがすよそ者は、為すが早いか、先住民の憤怒の犠牲となろう。彼らのあいだには、崇敬と畏怖の念から、自分たちのフェティシュを見ないようずっと慎んできた者たちもいる。S.13.

B：Ceux qui ont un animal pour Fétiche ne mangent jamais de sa chair：ce seroit un crime impardonnable de le tuer; & les étrangers qui commettroient une telle profanation seroient bientôt les victims de la coléra des naturels. II y en a parmi eux qui par respect & par craintes'abstiennent de voir jamais leur Fétiche. P.21.

Ⅰ：ド＝ブロスは、本書の序文で「人類はみな最初、神自身（DIEU même）から直接に教導を受けていた」と述べている。時に彼らは、可視の神性に視線を向けえなかったのである。

6 《「ニグリシアのほぼ全域で―とロワイエは述べる―個々人のフェティシュのほか、王国に共有のものとなるようなそれもあるが、こちらは通常、2、3の大きな山であったり、他にぬきん出た樹木であったりする」。「これに加うるに、各々の村はその村に固有なフェティシュの保護を受けている。それは公的な負担で装飾され、共同の福利を切願される」。住家の「守護神は、公然とした場所に、葦で作られたその祭壇をもち、それは4柱で支えられ、シュロの葉で被われている。個々人は、彼らの敷地内か、もしくは戸口の前に自分たちのフェティシュを置く場所を設けている。彼らは、フェティシュが彼らの内に敬虔な心を鼓舞するよう、装飾を施し、1週間」に「一度、それをいろいろな色で塗る。雑木林や灌木の荒地に足を踏み入れたなら、土とかとうもろこし、米、木の実でいっぱいの鉢や壺のほか、それと並んであらゆる類のフェティシュで占めつくされている、そうしたたくさんの祭壇に出くわす。先住民たちは、雨を必要とした場合、祭壇の傍に空の壺を置く。また戦争に巻き込まれた時には、勝利を乞い求めんがため、剣と投槍とをそこに置く。またさらには、獣肉とか魚肉が必要な時には、獣骨と魚骨を用いる。そのほかシュロの酒がほしければ、幹に」切込みを入れるのに「使

われる小刀を祭壇の脚元に置いて立ち去る。こうした崇敬と信頼の証を立てているのだから、彼らは、願いを拒絶されるなど毫も信じない。それにもかかわらず、或る時彼らの望み通りに事が運ばなかったなら、これは彼らのフェティシュが何か然るべき理由で腹を立てているからなのだと考え」、それを「鎮らせるための」手段を探すのである。》14、15

P：「ニグリシアのほぼ全域で——とロワイエは述べる——個々人のフェティシュのほか、王国に共有のものとなるようなそれもあるが、こちらは通常、2、3の大きな山であったり、他にぬきん出た樹木であったりする。もし誰かが不信仰はなはだしく、その枝を切り落とすとか樹木をぶかっこうにするとかしようものなら、必ずや死ぬはめに陥るであろうに。これに加うるに、各々の村はその村に固有なフェティシュの保護を受けている。それは公的な負担で装飾され、共同の福利を切願される。居住地〈Wohnplatz, この語をマルクスは Wohnhaus と書き換えている〉の守護神は、公然とした場所に、葦で作られた祭壇をもち、それは4柱で支えられ、シュロの葉で被われている。個々人は、彼らの敷地内か、もしくは戸口の前に自分たちのフェティシュを置く場所を設けている。彼らは、フェティシュがかれらの内に敬虔な心を鼓舞するよう〈Bでは「彼ら固有の祈禱の動作に従って」〉、装飾を施し、1週間に一度〈einmal die Woche, この箇所をマルクスは einmal in der Woche と加筆している〉、それをいろいろな色で塗る。雑木林や添木の荒地に足を踏み入れたなら、土とかとうもろこし、米、木の実でいっぱいの鉢や壺〈Bでは「とうもろこし、米、木の実でいっぱいの土製の皿や壺」〉のほか、それと並んであらゆる類のフェティシュで占めつくされている、そうしたたくさんの祭壇に出くわす。先住民たちは、雨を必要とした場合、祭壇の傍に空の壺を置く。また戦争に巻き込まれた時には、勝利を乞い求めんがため、剣と投槍とをそこに置く。またさらには、獣肉とか魚肉が必要な時には、獣骨と魚骨を用いる。。そのほかシュロの酒がほしければ、幹に切込みを入れるのに〈zu Einschnitten, この語をマルクスは zum Einschneiden と書き換えている〉使われる小刀を祭壇の脚元に置いて立ち去る。こうした崇敬と信頼の証を立てているのだから、彼らは、願いを拒絶されるなど毫も信じない。それにもかかわらず、或る時彼らの望み通りに事が運ばなかったなら、これは彼らのフェティシュが何か然るべき理由で腹を立てているからなのだと考え、その際彼らの配慮は、これをふたたび鎮まらせる手段を発見することにすべて集中するのである」。S.14-15.

B："Presque par toute la Nigritie, dit *Loyer*, outre les Fétiches particuliers, il y en a de communs au Royaume, qui sont ordinairement quelque grosse montagne, ou quelque arbre remarquable. Si quelqu'un étoit assez impie pour les couper ou les défigurer, il seroit certainement puni de mort. Chaque village est aussi sous la protection de son proper Fétiche, qui est orné aux frais du public, & qu'on invoque pour le bien commun. Le gardien de l'habitation a son autel de Roseaux dans les places publiques, élevé sur quatre piliers & couvert de feuilles de palmier. Les particuliers ont dans leur enclose ou â eur porte un lieu réservé pour leur Fétiche, qu'ils parent suivant les mouvements de leur proper dévotion, & qu'ils peignent une fois la semaine de différentes couleurs. On trouve quantité de ces autels dans les bois & dans les bruyères : ils sont charges de toutes sortes de Fétiches avec des plats & des pots de terre remplis de maïz, de riz & de fruits. Si les Négres ont besoin de pluye, ils mettent devant l'autel des cruches vuides : s'ils sont en guerre, ils y mettent des sabres & des zagayes pour demander la victoire : s'ils ont besoin de viande ou de poisons, ils y placent des os ou des arrêtes : pour obtenir du vin de palmier, ils laissent au pied del'autel le petit ciseau servant aux incisions de Tarbre : avec ces marques de respect & de confiance ils se croyent surs d'obtenir ce qu'ils demandent, mais s'il leur arrive une disgrace, ils l'attribuent â quelque juste ressentiment de leur Fétiche, & tous leurs coins se tournent â chercher les moyens de l'appaiser." p. 23-24.

Ⅰ：マルクスは、ド＝ブロスと少々違い、原初的信仰の第1形態なる本来のフェティシズムと、彼がいう「ごくひろい意味での封建制度」（『ライン新聞』）の時代にまで通用する本来の動物崇拝を区別し、前者を後者よりも旧い信仰ともなしている。そのような本来のフェティシュ崇拝者を、マルクスはこの摘要において確認し、これを前提にしてヘルメス（『ライン新聞』のマルクスに対抗する『ケルン新聞』の編集人）に論戦を挑んだ。

7　フエダに存在するフェティシュ、すなわち公的な、および私的なフェティシュ。そこの民族全体に共通した4種のもの、すなわち蛇、樹木、海、および集会で座長の地位を占める粘土製のうす汚れた小像。18頁　蛇はかつてアルドラの諸民族の神であった。その守護に価しなくなった

ため、自発的に、フエダの民族を選び、アルドラの人びとを見捨てたが、それは両民族間で今にも戦いがひきおこされるばかりの時だった。
 19、20、シャビの神殿への行進。25頁

　P：フエダではフェティシュは公的なそれと私的なそれとの2種類に区分される。第2の部類のものには、通常、動物か霊活なもの、或いはうす汚れた土〈Bでは「粘土質の土」〉か象牙で作られた粗像があって、第1の部類のものに劣らず崇敬されている。なぜならば、重大な機がおとずれた場合に、時折それらに対して奴隷が犠牲に捧げられるからである。だがここでは、民族全体に共通のフェティシュだけを詳述するとしよう。そのようなものには4種、すなわち蛇、樹木、海、および集会で座長の地位を占める粘土製のうす汚れた〈Bでは「醜い」〉小像がある。その〈小像の〉前にはいつも木でできた3箇の鉢があって、その中には粘土でできた20箇の小さな球が入っている。S.18.／蛇はかつてアルドラの諸民族の神であった。だがこの人びとは悪行と不徳とによって、その後の守護に価しなくなった。そこで蛇は、自発的にフエダの民族を選び、アルドラの人びとを見捨てたが、それは、上述の両民族が今にも攻撃をしかけんばかりの時だった。そこで、或る陣営〈アルドラ〉から他の陣営〈フエダ〉へと、衆人の眼前で蛇が移動していくのがみられたのである。S.19-20／フェティシュに滞在所を設け、望みとあらばそこを使用してもらおうとのことで、いたる処に廟とか神殿の造営が配慮されている。あらゆるこうした造営物は、通常、年老いた女祭司の監督下におかれている。だが最も厳粛な儀式は、これらの諸族が神殿に与えることのできるあらゆる栄光をともなって行なわれる、シャビの大神殿への行進である。それは500人を下ることはなく、親衛隊、奉献司祭、楽手、いけにえを運ぶ司祭、〈そのほかの〉司祭、それに王国の男女貴族たちから成る。S.25.

　B：A juidan les Fétiches sont de deux espèces : il y en a de publics & de particuliers. Ceux de cette seconde classe, qui sont pour l'ordinaire queique animal, quelque étre animé ou quelqu idole grossiérement fabriquée de terre grasse ou d'yvoire, ne sont pas moins honorés que lesautres : car on leur offer quelquefois le sacrifice d'un esclave dans les occasions fort intèressantes. Mais pour ne s'arréter ici qu'aux Fétiches communs à toute la nation, il y en a quatre, le serpent, les arbres, la mer, & une vilaine petite idole d'argille que préside aux Conseils On trouve toûjours au-devant de ceileci trois plats de bois contenant une vingtaine de petites boles de terre. P. 27./ Il avoit cidevant été la Divinité des peoples d'ardra; mais ceux-ci s'étant rendus indignes de sa protection par leur méchanceté & par leurs crimes, le serpemt vint de son proper movement donner la préférence aux Peuples du Jyidah, ayant quittè ceux d'Ardea au moment même d'une bataille que les deux nations alloient se liver : om le vit pubriquement passer d'un des camps à l'autre. P. 29-30/ On a soin de bâtir de tout côté des cabances ou temples pour server de retraite aux Fétiches, s'ils en veulent faire usage. L'intendance de chacun de ces bâtimens est confiée pour l'ordinaire à une vieille Prêtresse. Mais de toutes les cérémonies la plus splemnelle est la procession qui se fait au grand temple de Shabi avec tout l'appareil que ces peoples sont capables d'y mettre : elle n'est pas composée de cing cent personnes tant Archers que Musiciens, Sacrificaterus, Ministres portans les offrandes, Prêtres, & grands du Royaume de l'un & de l'autre sexe. P. 37-38.

　Ｉ：西アフリカのみならず、エジプトでも古来、蛇は崇拝の対象であり、善神たる蛇、感謝の蛇と、敵対神たる蛇、毒蛇が、ともに崇拝された。このように、蛇は、善と悪とが同居する神であったし、ライオンも神性と獣性の同居する神とされた。但し、エジプトのこれらの神がみは、フェティシズムでなく、奴隷制度と共存する本来の動物崇拝の段階へと発展したものであるが。

8　《「総じて、僧院内で女性の身に生じたことすべてについては、違反したなら捕えられ、蛇の前で生きながら焼き殺される」〈という条件で〉「厳格な秘密保持が要求される」。》27頁

　Ｐ：〈儀式によって聖別された〉娘たちは、そこで蛇が彼女らにしるしを付けたのだと告げられ、また総じて、僧院内で女性の身に生じたことすべてについては、違反したなら捕えられ、蛇の前で生きながら焼き殺されるという条件で、きわめて厳格な秘密保持が要求されるため、彼女らのうちだれひとりとして、秘密を口外しようという欲求にかられる者はいないのである。S.27.

　Ｂ：On leur dit que le serpent les a marquées; & en général le secret sur tout ce qui arrive aux femmes dans l'intérieur des cloîtres est tellement recommandé, sous peine d'ètre emportée & brulée vive par le serpent, qu'aucune d'entr'elles n'est tentée de le violer. P.40.

9 《蛇によって聖別された娘たちが適齢期である場合、彼女らは蛇と結婚するべく神殿に赴く。次の日の夜、隔離された密室における結婚、蛇自体が婚姻の義務を果たすことになる。》28頁

P：〈蛇によって聖別された〉彼女たちが適齢期である場合、彼女らは儀式により、華やかに着飾られて、ふたたび神殿に赴き、そこで蛇と結婚することになる。結婚は、次の日の夜、或る隔離された密室で挙行されるが、その間、結婚した娘の女友達は十分に離れて、楽器の調べにあわせて踊る。それでなるほど蛇自体は婚姻の義務を遵奉したとされるのではあるが、しかし、その国自体の中では、蛇がそのことで祭司たちに委託を与えているのだと信じられている。S.28.

B：Lorsru'elles sont nubiles, ells retournent au temple en cérémonie & fort parées pour y épousesr le serpent. Le marriage est consommé la unit suivante dans une loge écartée, pendant que les compagnes de la mariè dansent assez loin de là au son des instruments. Quoiqu'on dise que le serpent s'acquitte lui même de ce devoir conjugal, on ne doute guères dans le pays même qu'il n'en doune la commission à ses Prêtres. P.41.

10 《これらの娘たちが結婚した場合、夫はかの女をあたかも蛇に対するがごとく崇敬しなければならないし、跪いて話しかけねばならない。結婚しない場合、かの女らは僧院風の共同体に暮し、その場所で自分自身か或いは女友達の好意的な同意をえて、或る商業を営む。》28、29

P：〈摘要9のピストリウス引用文の続き〉あくる日、伴侶たる彼女たちは各々の家に送り帰され、その日以降は祭司職の収入にあずかることになる。これらの娘たちの若干はそののちニグロと結婚するが、夫となった者は彼女が身に帯びている蛇自体に対するがごとく彼女を崇敬しなければならないし、彼女に話しかけるにはとにかく跪かねばならず、あらゆる点で彼女の意志、彼女の威信に服さばならない。もし彼がこの僧団の1人を譴責するか、それを拒絶するかしたくて堪えられないとなれば、その大群をまるごと背負い込むことになろうというものだ。〈他方〉結婚する意志のない彼女たちは、僧院風の共同体に暮し、よく言われるように、その場所で自分自身か

或いは女友達かに好都合の証言〈Gunstbezeugungen、この語をマルクスはGunstbezeigungenと書き換えている〉をえて、或る商業を営む。S.28-29.

B：Le lendemain on reconduit la mariée dans sa famille; & de ce jour làelle a part aux rétributions du Sacerdoce. Une partie de ces filles se marient ensuite à quelques Négres; mais le maridoit les respecter, comme le serpent même dont ells portent l'empreinte, ne leur parler qu'à genoux, & être soumis tant â leurs volontès qu'à leur antorite. S'ils'avisoit de vouloir corriger ou répudier une femme de cet ordre, il s'attireroit à dos le corps entire. Celles qui ne veulent pas se marier vivent en communautè dans des espèces de couvens, où ells sont, à ce qu'on dit, traffic de leurs faveurs, ou de celles de leurs camarades. P. 41-42.

11 《「この種の敬虔な修道女のほか」過度にヒステリー性の娘や婦人のために、「さらに或る種の一時的な聖別」〈もある。〉》29頁

P：〈摘要10のピストリウス引用文の続き〉そのほか違反者には火刑を科して、聖地で生じたことすべては、秘密にされなければならない。この種の敬虔な修道女のほか、その地方にきわめて多発している病気で過度にヒステリー性〈ギリシア語でヒステラとは子宮のこと〉の痛苦によって、衰弱している若い婦人ないし娘たちのために、さらにある種の一時的な聖別もある。S.29.

B：Au reste le mystère est indispensable sur tout ce qui se passe dans les lieux sacrés, à peine du feu. Indépendamment de cette espèce de religieuses attitreés, il y a une consecration passagère pour les jeunes femmes ou filles attaquées de vapeurs hysteriques, maladie qui paroit commune en cette contrée. p.42.

12 フエダのアフリカ人は割礼〈をするが〉宗教的行為としてではない。30〔-31〕頁

P：フエダのアフリカ人は、エジプト人同様割礼を行なうということを、さらにこの論題中で注解しても、不適切ということはない。彼らのもとでこの風習はきわめて古く、したがってその起源を彼らはもはや知らない。なぜなら、この点で彼らが従うものは、祖先が残してくれた太古からの模範以外にないからである。いずれにせよ、彼らはこの割礼を宗教的行為とは見做さ

ない。そのほか我々は、蛇が主神と見做されるのはニグリシアのこの地方のみならず、アフリカの奥地でもその崇拝は古く、普及もみせている点に注意せねばならない。S. 30-31.

　B：Il n'est pas hors de propos de remarquer, avant que de quitter cet article, que ces Africains de Juidah ont ainsi que les Egyptiens l'usage de la circoncision. Il est si ancient parmi eux, qu'ils en ignorant l'origine, n'ayant pas d'autre exemple pour l'observer que l'exemple immemorial de leurs ancêtres : au reste ils ne le regardent pas comme une pratique de Religion. Remarquons encore que ce n'est pas seulement dans ce canton de la Nigritie que le serpent a été regardé comme la Divinité principale. Son culte étoit très anciennement répandu dans l'intérieur de l'Afrique. P.44-45.

　I：古今東西を問わず、およそ宗教たるものをわたしはネガティヴ・フェティシズムのヴァリエーションと規定し、割礼はするものの宗教的儀礼としてではないような、そうした最古の精神運動である原始フェティシズムだけは、ポジティヴ・フェティシズムと規定し、文明フェティシズムのヴァリエーションたる宗教と明白に区別している。ところで、『ライン新聞』時代のマルクスは、ここで表現するポジティヴ・フェティシズムでもってヘルメスを攻撃した。

13　《「アメリカの<u>ユカタン半島では</u>」「各々がそれ固有の神を」〈持っていて〉「彼らが共同の崇拝のために」「集まる」「広場」〈を持っている。〉》〔31-〕32頁

　P：アメリカのユカタン半島では、各々がそれ固有の神を持っている。だがそれでも彼らは、それを共同で崇拝するために集まる広場を持っており、スペインの宣教師が同地へやって来た時、それは彼らにとって教会の代わりをつとめている。S.31-32.

　B：Dans la presqu'ile d'Yucatan en Amér'que chacun a son Dieu particulier : ils ont pourtant des lieux où ils s'assemblent pour les adorer en commun, & qui leur servent d'église, quand les Prêtres Espagnols y sont. P.46.

　I：ド＝ブロスの地理学上の博識は、まずもってビュフォン（Buffon, 1707-88）に負っているとされるが、古野清人によれば、ド＝ブロスは師を

凌いで進む。「ビュフォンよりも博識な地理学者であったド＝ブロスは、事実の認識と科学的理論とを融合させて、現代地理学を創始したとさえいいうるであろう」。(「シャルル・ド・ブロスと実証的精神」、所収：『宗教生活の基本構造』社会思想社、1971)

14　ただ災難にみまわれた時にだけ、かれらはフェティシュに懇願する。その理由でかれらは、これをするのに定められた建物に入り、香煙と同じようにして、そこでコーパル樹脂を供える。《その後「かれらは、念頭に浮かぶあらゆる着想、たとえそれが勝手に想像した侮辱に対する復讐とか、或いはそのほか何らかの欲望であろうとも」「あたかも」「かれらの神から断乎たる命令を受けたかのごとくにして」実行に「移すのである」。》〔32-〕33頁

P：ただ災難にみまわれた時にだけ、つまり何かを失うとか、或いは不快な偶発事に出くわすとかした時に、彼らはそれ〈フェティシュ〉に懇願する。その理由で彼らは、これをするのに定められた建物に入り、我々が香煙を供えるのと同じようにして、そこでコーパル樹脂を供える。その後彼らは、念頭に浮かぶあらゆる着想、たとえそれが勝手に想像した侮辱に対する復讐とか、或いはそのほか何らかの欲望であろうとも、あたかも彼らの神から断乎たる命令を受けたかのごとくにして、実行に移すのである。S.32-33.

B：Ils ne le réclament jamais que dans l'adversité, c'est-à-dire lorsqu'ils ont perdu quelque chose, ou reçu quelque déplaisir. Ils vont pour ceci dans une maison destinée à cet usage, & offrent de la gomme copal, comme nous offrons l'encens. Après cela quelque chimère qui leur passe par la tête, soit desir de se venger d'un affront prétend, soit toute autre pensée, ils ne manquent pas de l'exécuter; agissans, à ce qu'ils prétendent, en vertu de l'ordre précis de leur Dieu. P. 47-48.

I：デュケルムは「あらゆる宗教(この表現はもちろん私の採らないところだが)は、精神的訓練であると同時に、人をしていっそうの信任をもって世界に立ち向かわせる一種の技術である」(『宗教生活の原初形態』)と規定するけれども、これは原始フェティシズムにはなるほど妥当する。布村一夫は、次のように描写している。「未開人にとってはフェティシュは便利なものである。それをおがむ。だが満足をあたえないフェティシュを打つ。満足をあたえれば和解する。つまり未開人は、フェティシュを崇拝するかぎりでフェ

ティシュの奴隷であるが、それを打ち、なげすてるかぎりでフェティシュの主人なのである。こうなると、フェティシズムとはとんでもない原始信仰であるといわざるをえないのである」。(「フェティシュをなげすてる」、所収：『共同体の人類史像』長崎出版、1983）なお、引用文中の「未開人」は、私であれば「野生人」と表記する。

15 「コスメル島民つまりサント・クロワ島民のもとでは、十字塔である」。33頁　同様にして、野生人が太陽を崇拝しているガスペジでは、十字塔がこの地方のフェティシュ〈である。〉33頁

P：〈摘要14のピストリウス引用文の続き〉アメリカのそのほかあらゆる地方でフェティシズムは同様にありふれている。わけても、円錐形をした石や大樹がフェティシュとされ、それはちょうどシリアのボエティル、およびギリシアのペラスゴイにおける大樹のようなものである。フロリダのアパラチア地方では、オライミと称する大きな山がそうである。ルイジアナのナチェズでは円錐形をした石が、ノロシカ100頭分以上の皮で作られたカヴァーで贅沢三昧に保護されている。それは古代の人びとが特定のボエティルを羊毛でくるんでいたのとほぼ同じである。コスメル島民つまりサソト・クロワ島民のもとでは、石でできた高さ10フィートの十字塔がそれ〈フェティシュ〉である。彼らによればそれは雨が降ってほしい時の、雨乞いの神である。また野生人が太陽を崇拝しているガスペジでは、同時に十字塔が、この地方独特のフェティシュである。S. 33.

B：Le Fétichisme n'est pas moins general dans tous les cantons de l'Amérique; mais surtout les pierres coniques comme les Boetyles de Syrie, & les grands arbres comme, ceux des Pélasges Grecs. Chez les Apalaches de la Floride, c'est une grande montagne appelee Olaïmi. Chez les Natchez de la Loüisiane, c'est une pierre conique précieusement conservée dans une envelope de plus de cent peaux de chevreuils, ainsi que les anciens envelopoient certains boetyles dans des toisons. Chez les insulaires de Cozumel ou Ste. Croix, c'est une croix de pierre d'une dixaine de pieds de naut : c'est le Dieu qui selon eux donne la pluye quand on en a besoin. En Gaspesie, où les Sauvages adorent le Soleil, la Croix est en même tems le Fétiche particulier du pays. P.48-49.

16　大部分のアメリカ人は、これらの聖別された対象が、同様にして神霊またはマニトゥになるというように考えている。35頁

P：大部分のアメリカ人〈先住民〉は彼らが聖別するこれらの対象が、同様にして神霊またはマニトゥになるという考えを、頗る好んで受け入れる。その数は漠然たるどころでなく、イロクォイ人などはこれを、彼らの言語であらゆる類の精霊と〈Bでは「……精霊を意味する一名称で」〉呼んでいる。S. 35.

B：La Plûpart des Américains sont fort prévenus que ces objets qu'ils consacrent, deviennent autant de Génies ou de *Manitous*. Le nombre est si peu determiné, que les Iroquois les appellant en leur langue d'un nom qui signifie *Esprits de toutes sortes*. P.51-52.

17　或る十字架を担う女性は、トランプのハートのキングと酒杯の底部を主神に奉る。36頁　キューバの野生人は、黄金をスペイン人のフェティシュと見做した。彼らはそれ〈黄金〉のために祝祭を催し、その周りで踊り、歌い、しかるのちそれを海中に投じた、それを遠ざけるために。36頁

P：上に引用したル・クレール神父は、〈著作『ガスペジの歴史』〉第13章、374頁において、十字架を担うその民族のうちできわめて声望を得ているひとりのガスペジ女性、彼が国の家母長と呼ぶ女性に言及しているが、それによると、彼女はトランプのハートのキングと酒杯の底部を神たる地位に奉り、それらの前で礼拝を挙行したとのことである。彼らには火銃や火薬が恐るべきフェティシュないし〈恐るべき〉マニトゥなのかという問題は、おのずから回答が引き出される〈Bでは「問う必要はない」〉。だがこの種の神はどれをとっても、黄金以上に野生人に不幸をもたらしたことはなかった。彼らは、これを誓ってまちがいなくスペイン人のフェティシュだと見做した。そのわけは、スペイン人がこの金属に対して多大な崇敬の念を抱いている点に野生人が気づき、自分たちの宗教流儀からスペイン人のそれを推論したからである。キューバの野生人は、スペイン〈Bでは「カスティリア」〉の或る艦隊が彼らの島に上陸するところらしいことを知った時、次のように考えた。まずはスペイン人の神に対して好意ある様子を示し、しかるのちそれを自分たちから遠ざけることで、自分たちを救済せねばならないと。そこで野生人は、彼らの黄金を全部ひとつ籠にかき集めた。これを見よ―と彼ら

は言った——、かの他国人の神だ。この神の加護を受けるため、敬意を表する祭りをしよう。しかるのち、この神を我らが島から遠ざけよう。彼らは、自分たちの宗教儀式にのっとり、黄金〈Bでは「籠」〉の周りで踊って歌って、それから黄金〈Bでは「籠」〉を海中に投げ棄てた。S.36-37.

B：Le même P. Le Clercq Ch. 13. P. 374. Parle d'une Gaspesienne fort accrédité parmi la nation des porte-croix, & qu'il appellee la Patriarche du pays, laquelle avoit érigé en Divinités un Roi de cœur & un pied de verre, devant lesqueles elle faisoit sa priére Il ne faut pas demander si les fusils ou la poudre à canon sont pour eux des Fétiches ou Mantitous redoutables; mais nulle Divinité de ce genre n'a été si funeste aux Sauvages que l'or, qu'ils croyent certainement être le Fétiche des Espagnols, jugeans de l'espèce de leur croyance par la leur proper & par la profpmde veneration qu'ils leur voyoient pour ce metal. Les Barbares de Cuba, sachant qu'il fallout d'abord se conciliar le Dieu des Espagnols, puis l'éloigner de chez eux. Lls rassemblèrent tout leur or dans une corbeille. Voilà, dirent ils, le Dieu de ces étrangers; célébrons une fête en son honneur pour obtenir sa protection; après quoi nous le ferons sortir de notre isle. Ils dansêrent & chantêrent selon leur mode religieuse autour de la corbeille, puis la jettêrent dans la mer. P.52-53.

Ｉ：マルクスは、この摘要にラインを引いている。そればかりか、周知のように、『ライン新聞』（1842年11月3日付・第307号）に使うことになる。「キューバの野生人は黄金をスペイン人のフェティシュだと見做した。彼らはそれのために祝祭を催し、その周りで歌い、しかるのちそれを海中に投じた。殆ど摘要のまる写しだ。だが問題なのは、この時マルクスはいったいどのような意図でフェティシュに言及したのか、いや、この時マルクスはいったいどのような風にフェティシュを諒解していたのか、である。ピストリウス訳の版でド＝ブロスを真剣に読んだ向坂逸郎は述べる。「マルクスがドゥ・ブロスの『物神礼拝について』の中から、どのような社会的事象を説明するために、材料を読みとっていったかも明らかになる。マルクスは、この時すでに市民社会の貧富の対立の性格を、一つの物神礼拝現象として見たのであった。市民社会では、貧富の対立によって、人間は動物として、すなわち、物として取扱われる。このことの本質はどう説明されねばならぬかを解こうと試みているのである」。（前掲論文）向坂の説明では、『ライン新聞』

時代のマルクスは、私の規定するネガティヴ・フェティシズムしか捉えていなかったことになる。フェティシュを投げ棄て、これと和解する、ポジティヴ・フェティシズムには、マルクスは気がつかないことになっている。だが、以下に引く今村仁司の立論をもってすれば、私の問い詰めにそれなりの理があることも諒解されよう。「フェティシズムの世界は、単なる主観の意識における錯覚でも倒錯でもなくて（これはフェティシズム過程の派生的・二次的形成体である―今村）、本源的に社会的・物質的生活の生産過程の構成因であることが判明するであろう」。（「フェティシズム論からイデオロギー論へ」、所収：『社会科学批評』国文社、1983）

18　通常、野生人は彼らの害にならないものだけを、マニトゥに切願する。37頁《「ブラジルの野生人のフェティシュ」〈は〉「乾燥した大きなひょうたんで、そのなかにはとうもろこしの粒か、或いは小さな石ころが投ぜられている」。》37頁

P：〈摘要17のピストリウス引用文の続き〉通常、野生人は彼らの害にならないようにとだけ〈blos, この語をマルクスは nur と書き換えている〉マニトゥに切願する。むしろ彼らは、最高存在以上にこちらの方をはるかに崇敬するが、かかるものの幾つかを最高存在と取り違えるということはなさそうである。現に、彼らの最高存在は太陽とか、或いは霊界を支配する精霊といったところだからである。彼らは困窮に際し、マニトゥに助言を乞い、その御告に服すのである。例えば、ブラジルの野生人のフェティシュは、通例、乾燥した大きなひょうたんで、そのなかにはとうもろこしの粒か、或いは小さな石ころが投ぜられている。各世帯にはそれ固有のものがあって、施物が供されている。S.37.

B：La priére ordinaire des Sauvages aux Manitoux est pour en obtenir qu'ils ne leur fassent point de mal. Ils les honorent beaucoup plus que l'Etre supérieur à eux, avec lequel quelques-uns de ces peoples paroissent ne le pas confondre, soit le Soleil ou quelque Esprit qui commandedans le pays des ames. Ils les consultant dans leurs besoins & se gouvernent par la réponse. Par exemple, les Brasiliens ont pour Fétiche ordinaire une grosse calebasse sèche, dans laquelle on jette des grains de maiz ou de petites pierres：chaque ménage a le sien à qui on offer des pré-sens. p.53-54.

19 「ヴァージニア人の供物」〈である〉タバコ、「それを彼らは風と水とに供する」。38頁

　P：タバコはヴァージニア人の供物であって、それを彼らは風と水とに供する。さらには、旅行日和のようなすがすがしい日を得んがため、或いは海上で嵐に襲われないようにと、一握りを放る。またその幾分かを新しく作った漁網にも結びつけ、豊漁であるようにと祈願する。S.38-39.

　B：Le tabac est une offrande Americaine dont les Virginiens font des sacrifices à l'air & à l'eau; ils y en jettent des poignées pour avoir du beau tems au voyage, ou pour être délivérs de la tempéte sur mer : ils en attachment aussi à leurs filets neufs l'espérance d'être heureux à la péche. P.56.

20 「ブラジル人は、或る重大なことがらに着手しようとする時、手品師にタバコの煙を顔面に吹きつけてもらう」「そのことを彼らは、精霊をもてなす、と称している」。39頁

　P：〈摘要19のピストリウス引用文の続き〉ブラジル人は、或る重大なことがらに着手しようとする時、手品師にタバコの煙を顔面に吹きつけてもらうのだが、そのことを彼らは、精霊をもてなす、と称している。S.39.

　B：Ceux du Bresil, lorsqu'ils vont faire quelque chose d'important, s'en font souffler des bouilées au visage par leurs jongleurs, ce qui s'appelle parmi *eux recevoir l'esprit*. P.56.

21 イリノイの舞踏会では、群衆がコーラスを唱する間、各人は自分の番が来ると神（彩色されたござに置かれた蛇、鳥、石塊）の前に進み出て、タバコの煙を神に向けて吹きつけるのである。39頁

　P：〈摘要20のピストリウス引用文の続き〉イリノイの舞踏会では、色彩の施されたいぐさのござを広場の真中に敷き、この敷物の上に神、すなわちその祭りを挙行するマニトゥを恭しく置くが、そのような折の神は、通例、蛇か鳥、ないし石塊といったものである。その右側に大きなタバコのパイプを置き、その前で土地の慣習に従って武器の戦利品を立てる。それから、群衆がコーラスを唱する間、各人はダンスに入る前、神〈マニトゥ〉に敬礼するべく、自分の番が来るとその前に進み出る。そして薫煙の代わりにタバコの煙を神に吹きつけるのである。S.39.

B：Les Illinois dans leurs fêtes à danser étendent une natte de jonc peinte de couleurs au mllieu de la campagne：c'est un tapis sur lequel on place avec konneur le Dieu Mamtou de ceiui qui donne la fête, qui est ordmairement un serpent, un oiseau, ou une pierre. On pose à sa droite le grand Calumet：on dresse devant lui un trophée d'armes en usage dans la nation：puis tandis que la troupe chante en choeur, chacun avant que de dancer à son tour vient saluer le Manitou, & souffler sur lui de la fumée de tabac en guise d'encens. P.56-57.

22　ラップ人とサモエード人、聖油の塗られた石塊すなわちボエティル、樹木の幹に対する崇敬、護符とか手品師等々を頼る先入見。42頁

　P：新大陸から北極付近の地方に眼を転ずれば、そこにもやはり野生民族が見いだされ、彼らもまた上述のフェティシズムに心酔しているのがわかる。というのも、いま一度注記しておくが、私は、動物または無生の地上的事物を崇敬の対象にするあらゆる宗教を一般にこの名称で呼ぶことにしているからである。ラップ人やサモエード人の風習、聖油の塗られた石塊すなわちボエティル、樹木の幹に対するかれらの崇敬、護符とか手品師等々を頼る先入見については、広く知られているから、その点を冗説するには及ばない。S. 42.

　B：Si du nouveau monde nous passons aux climats voisins de nôtre pôle, où il se trouve encore des nations sauvages, nous les y voyons infatuées du même Fétichisme：car, encore un coup, j'appelle en général de ce nom toute Religion qui a pour objet de culte des animaux ou des êtres terrestres inanimés. Les mœurs des Lappons & des Samoïedes, le culte qu'ils rendent aux pierres graissées ou boetyles, & aux troncs d'arbres, leur entêtement pour les talismans & les jongleurs, sont trop connus pour en faire ici le détail. P.60-61.

23　《サモエード人が猛獣を殺した場合、「彼らはその猛獣から毛皮を剥ぐ前に、大まじめになって、この悪事がその獣にふりかかった原因はただロシア人だけにあると誓言し（なぜなら、この民族は彼らにとって恐怖であったから）、またその獣はロシアの刃物で解体する、したがって復讐があるならロシア人に対してだけ、そうされねばならないと誓言し

た」。》42、43頁

P：そればかりかサモエード人は、、猛獣を一種のフェティシズムに結びつけているらしくさえある。そのことでもし彼らがかかる猛獣を殺してしまった場合には、不吉な事態を招くのを恐れた。少なくともその猛獣から毛皮を剥ぐ前に、大まじめになって、この悪事がその獣にふりかかった原因はただロシア人だけにあると誓言し（なぜなら、この民族は彼らにとって恐怖であったから）、またその獣はロシアの刃物で解体する、したがって復讐があるならロシア人に対してだけ、そうされねばならないと誓言した。S.42-43.

B：Il semble même que les Samoïedes attachment aux animaux féroces une espéce de Fétichis-me don't ils redoutent les suites quand ils en ont tué un : car alors avant que de l'écorcher, ils lui protestant fort sérieusement que ce sont les Russes qui lui ont fait ce mal (cette nation leur est en horreur,) que c'est couteau d'un Russe qui va le mettre en piéces, & que c'est sur eux qu'il en faudra prendre vengeance. P.61-62.

第2章　現在のフェティシズムとの比較における
　　　　古代諸民族のフェティシズム

　Ｉ：このタイトルはド＝ブロス著作の第2章を指すが、マルクスの表記は、次に挙げるピストリウスの訳文そのままであり、またド＝ブロスの表記は以下の通り。Pistorius：Der Fetischismus alter Völker verg lichen mit dem Fetischismus der Neuern./ de Brosses：Fétichisme des anciens Peuples comparé à celui des modernes.

　24　《「クゥイス　ネースキト」、「クワァーリア　デーメーンス　エージプトゥス　ポルテンタ　コラート？」》「ユヴェヌ、サト、15」〔46頁〕
　Ｐ：愚かなエジプト人がどんな類の奇怪なものを崇敬しているかを、知らぬ者があろうか？〈ユニウス〉・ユヴェナ〈リス〉、『風〈刺詩〉』〈第5巻〉第15章〈1-2行〉。〈マルクスの摘要、ピストリウスの独訳版、ド＝ブロスの仏語原典すべてがラテン語で記されており、原文は以下の通り。〉S.46.
　Ｂ：Quis nescit qualia demens Ægyptus portent colat？ ＊〈＊脚注：Juvenal. Sat. XV.〉p. 66.

　25　「オー　サーンクタス　ゲンテス、クウィブス　ハェーク　ナースクントゥル　イン　ホールティス　ヌーミナ」「ユヴェヌ、サト、15」〔55頁〕
　Ｐ：おのが庭から神がみの生まれるという、敬神に篤き諸族〈ユニウス〉・ユヴェナ〈リス〉、『風〈刺詩〉』〈第5巻〉第15章〈10-11行〉。〈マルクスの摘要、ピストリウスの独訳版、ド＝ブロスの仏語原典すべてがラテン語で記されており、原文は以下の通り。〉S.55.
　Ｂ：O sanctas gentes, quibus hæc nascuntur in hortis Numina!〈ピストリウスはド＝ブロスと同一だが、マルクスではNumma! がnuminaとなっている。〉p.78.
　Ｉ：ユニウス＝ユヴェナリス（Junius Juvenalis, 60頃-140頃）はローマの風刺詩人で、『風刺詩（Sa-turae）』を残した。なお、このラテン語引用文をド＝ブロスは序文でまず用いているが、その文脈は以下のごとくである。

「従来、動物とあらゆる類の植物を崇拝するという、エジプトにとってはなはだ非難の的となる古い祭儀のもっともらしい根拠は、未だ示されずに来た、quibu haec nascuntur in hortis Numina. なぜならば、これらのどこにでもある対象物が、最高神の諸特性を示す同じ数の象徴であると主張するプルタルコスとポルフェリオス〈3世紀の新プラトン派哲学者〉の神秘的アレゴリーも否で、どの神もほかの可視的な像をつくる代わりに動物で表現されたため、その住民はこうした象徴をやがて神それ自体であると見誤るようになったと、十分な証拠もなしに原則のごとく承認する人びとの見解も否で、さらには人びとが日常生活で使用しているごくありふれた事物をその住民に不可思議な方法で告知するような、それと同じ数の広知板をつくるという或る新たな比喩的註釈者の体系も否だからである」。(p.12-13, S.6-7)

26 《「いたるところでナイル河が」「崇敬の対象」雄牛アピスは下エジプト全域で、また雄羊アモンは上エジプト全域で、神殿と祭司〈を得ている。〉》〔57頁〕

P：〈蛇を除き〉エジプトにおけるそれ以外のフェティシュ主神としては、ナイル河がいたるところで崇敬の対象であった。この河川の〈ナイル西河口近くの町カノプス付近を流れる〉カノプスの支流〈Canopische Arm, カノプス神の腕とも訳せる〉、および雄牛アピス〈メンフィスのアピス神〉は下エジプト全域で、また雄羊アモン〈テーベのアモン神〉は上エジプト全域で、神殿と祭司を得ていた。S.57.

B：Quant aux autres Fétiches généraux de l'Egypte, le Nil étoit partout un objet revere. Le bras canopique de ce fleuve & le boeuf Apis avoient leurs Prêtres & leurs temples dans toute la basse Egypte, comme le belier Amnon dans toute la haute. P.81.

27 《「ブバスティスでは猫」〈が〉「神」「メンデツでは雄山羊が、コプトでは野生の山羊が、ヘリオポリスでは雄牛が」「パプレミスでは」「ヒポポタマスが」、「サイスでは雄羊が」、「テーベではワシが」、「テーベとフィルスではハイタカが」、「ブトゥスではタカが、バビロンではエチオピアのサルが」、「アルシノエでは」、「キノセファル」（ヒヒの一種）、「テーベとメリス湖周辺ではワニが」、「ヘラクレオート地方ではマングースが」、「アラビア近隣ではトキが」、「紅海への入口にあるトログロ

ディトではカメが」、「アスリビスではトガリネズミが」等々。》57、58頁

P：〈摘要26のピストリウス引用文の続き〉いろんな地方を歩き回ってみれば〈次のことがはっきりする〉、ブバスティス〈別名プバスティト、ピベセテ〉では猫が神とされており、メンデツでは雄山羊、コプトでは野生の山羊が、ヘリオポリスでは雄牛が、パプレミスではヒポポタマス（河馬）が、サイスでは雌羊が、テーベではワシが、また同様にテーベでは或る種無毒の小さな、角質の皮膚をもつ〈角をもつとも訳せる〉蛇が、またテーベとフィルスではハイタカが、プトウスではタカが、バビロンではエチオピアのサルが、アルシノエではヒヒの一種であるキノセファルが、テーベおよびメリス湖周辺ではワニが、ヘラクレオート地方ではマングースが、アラビア近隣ではトキが、紅海への入口にあるトログロティトではカメが、そしてアスリビスではトガリネズミが〈各々神とされている。〉S. 57-58.

B：Que si nous parcourons les provinces, le chat est une Divinité à Bubaste, le bouc à Mendez, la chèvre sauvage à Coptos, le taureau à Hèliopolis, l'hippopotame à Paprémis, la brebis à Saïs, l'aigle à Thèbes, une espèce de petits serpens cornus non venimeux aussi à Thèbes, l'épervier à Thèbes & à Philes, le faucon à Butus, le singe d'Ethiopic à Babylone, le Cynocéphale（espèce de babouin）à Arsinoé, le crocodile à Thèbes & sur le lac Mœris, l'ichneumon dans la Préfeciure Héracléotique, l'Idis dans celle voisine de l'Arable, la tortue chez les Troglodytes à l'entrée de la Mer Rouge, la musaraigne à Athribis：p.81-82.

28 《「それ」（動物）「に託宣を得るべく御伺いを問うてみても、むろん御告げはない。そこで人びとは耳をふさいで神殿から出ていき、その後偶然に聞こえた最初の言葉を御告げと見做した。その言葉でもって御伺いへの適用がかなう限り自分の好きな風になされたのである」。（パウス、1. VII〔n.***〕〈ギリシアの地誌家パウサニアスの『ギリシア周遊記』第7巻、160〜180年頃〉「先住民たちのそれであるような」「方法」》62〔-63〕頁

P：それ〈動物〉に託宣を得るべく御伺いを問うてみても、むろん御告げはない。そこで人びとは、耳をふさいで神殿から出ていき、その後偶然に聞こえた最初の言葉を御告げと見做した。その言葉でもって御伺いへの適用が

かなう限り自分の好きな風になされたのである。さらにその方法は、先住民たちの方法ときわめて多種多様の類似を示していて、相談する者の、一様に子供じみた理解力の特徴なのである。S.62-63.

B：on venoit le consulter pour oracle; & comme il ne rendoit point de réponse, on se boucnoït les oreilles au sortir du temple, & les premières paroles que l'on entendoit par hazard étoient prises pour une réponse, dont l'application se faisoit pour le mieux au fait consulté : mètnode assez semblable à ceiie des Négres, & qui est le signe d'une égale puérilité dans l'esprit des consultans. pp.87-88.

Ｉ：フェティシュ崇拝者は、自分の力ではどうにもならない外的なものに対し、最初は絶対的な者フェティシュに相談するが、それに対するフェティシュの判断については、悪霊の嫌疑をかけてまで結論を強制するか、もしくはどうとでも解釈して自己を正当化するのであるが、この一見矛盾した態度に関連する指摘として、カズヌーヴは次のように述べている。「社会生活の中で儀礼に依存する必要を生み出すもには何かをたずねる時は、人間は自分で神秘を感じ取るのが不安なために、安定した人間の条件を規則によって規定したいという欲求と、規則よりも強いものであり続けたい、あらゆる制限を越えたいという誘惑との両方を所有しているのだと考えるに至った」。宇波彰訳『儀礼―タブー・呪術・聖なるもの―』三一書房、1973。

29 《「家が火事になった場合」「まず第一に猫を」（エジプトでそれが崇拝されているところでは）「炎のなかから救い出そうとした、」そのことは「崇敬が動物それ自体のこと」であって、それを「たんなる象徴と」見做しているわけでは「ないことを如実に示している」。》〔63-〕64頁

Ｐ：家が火事になった場合、まず第一に、炎のなかから猫を救いだそうとしたのだが、その事は、崇敬が動物それ自体のことを考慮していること、またしたがって動物をたんなる象徴と見做しているわけではないことを、きわめて如実に示している。S.63-64.

Ｂ：Si le feu prenoit à la maison, on s'empressoit surtout à sauver les chats de l'incendie; grande marque que le culte regardoit l'animal même, qui n'etoit pas considéré comme un simple emblême : p.89.

Ｉ：ド＝ブロスにおいては、生物・無生物それ自体を崇敬の対象とする信仰がフェティシズムである。これは、何か別のものの象徴として刻まれる偶

像への崇拝と決定的に異なる点であり、これこそフェティシズムのフェティシズムたる第一の特徴である。この原始フェティシズムは、現代の若者が恋人（本物）へのつのる思いを、ハンケチ等かの女の持物を胸に抱いてなだめるなどという時のハンケチ（偽物）とは、全然違った次元のものである。ところで、その点に関連して、丸山圭三郎の著作『文化のフェティシズム』（勁草書房、1984）に次の一節が読まれる。「宗教学でいうフェティシュは、本物としての神に対する偶像(イドラ)であった。そして経済学におけるフェティシュも、オリジナルとしての自然的価値（？）である〈使用価値〉の客観性を前提とした上での〈交換価値〉の幻像(イドラ)であるとみなされた」。この一節、殊に前半はド＝ブロスの意図に真向から対立しているが、丸山がここで例に挙げる〝宗教学〟とは、原始信仰に関係するものでないのだから、いわば土俵の違いをしっかり認識してかからねばならない。後半は、〈交換価値〉を〈使用価値〉に付着したものと解釈するならば、丸山のこの記述は、私のいうネガティヴ・フェティシズムの世界に係るものであって、ド＝ブロスが問題にした世界——私のいうポジティヴ・フェティシズムの世界——に係るものではないのである。

30 《「エジプト人の間で行なわれる宗教戦争については、よく語られてきた」…「異なった動物種の間にみられる自然な反感が、そうした動物をフェティシュに選んでいる小民族間に生ずる反感を、不可避的に誇張せざるをえなかった」。猫崇敬民がネズミ崇敬民との間で好ましい意志疎通〈をはかってみても〉長くは続かない。「これらの戦争は」——エジプトにおいては、「ただ動物それそのものが問題なのであって、」「本当の神に対し任意に選ばれた象徴」「としてでない」〈ことの〉「新たな立証」〈となる。〉》67頁

P：エジプト人の間で行なわれる宗教戦争については、よく語られてきた。だがこれらの戦争はこの地域では、主要原因と結びついた或る独特な原因のせいで、他の地域に比べてはるかに激越とならざるを得なかった。異なった動物種の間にみられる自然な反感が、そうした動物をフェティシュに選んでいる小民族間に生ずる反感を、不可避的に誇張せざるを得なかった。ネズミ崇敬民が猫崇敬民と好ましい意志疎通を長く保ち得るなどというのは、確かに不可能だった。それはともかくとして、それらの戦争によって新たに立証されることは、エジプト人においては〈bey den Egyptern, この語

句をマルクスはラテン語 apud Aegyptios と書き換えている〉、ただ動物それそのものが問題なのであって、本当の神に対し任意に選ばれた象徴と見做されるのではないことである。S.67.

B：Il est parlé des guerres de Religion que se faisoient les Egyptiens; ells y devoient être encore plus fortes qu'ailleurs, par une raison singuliére qui se joignoit à la raison generate. L'antipatie que la nature a mise entre plusieurs espéces d'animaux, ne pouvoit manquer d'augmenter celle qui se trouvoit entre les peoples qui les avoient choisis pour Fétiches：il n'y avoit pas moyen que les adorateurs du rat vécussent longtems en bonne intelligence avec les adorateurs du chat. Mais ces guerres donnent une preuve nouvelle qu'il s'agissoit de l'animal pris en lui-même, & non pas consideré comme un embléme arbitrairement choisi de la Divinité reelle：p. 93-94.

I：原始フェティシズムの第一の特徴点を、『ライン新聞』時代のマルクスはしっかりとメモした。ところが、『資本論』のマルクスは、〝人と人との関係（本物）〟があたかも物と物との関係（偽物・象徴・転倒）、として出現する事態にフェティシズムを適用することになる。いわく、「人間の頭の産物が、それ自身の生命を与えられてそれら自身のあいだでも人間とのあいだでも関係を結ぶ独立した姿に見える。同様に、商品世界では人間の手の生産物がそう見える。これを私はフェティシズムとよぶ」（大月版『資本論』第1巻、一部改訳）ド＝ブロスからの逸脱はここにきわまった。そうであるから、主として『資本論』段階までのマルクスに依拠する経済学者の中には、ド＝ブロス的マルクスを捨象したフェティシズム論を展開する人びとが多くいる。例えば、宇野弘蔵は述べる。「貨幣は、一般的には商品に対して直接交換可能性を独占するものとして、商品経済的富を代表するものとなるわけで、本来のフェティシズムのような幻想的なものではありません〈そうとも言えない、本来のフェティシズムとは、感覚的なものではあるが現実的なものである〉。それは商品経済を永久的なものと考える幻想とともに幻想となるわけですが、しかし商品経済の社会にあっては、単にそれを礼拝すれば災を免れるというような霊力をもつものではなく〈そうとも言えない、原始フェティシズムにあっては、たんにそれを礼拝するだけでなく、時にこれを攻撃しなければ災を免れ得ない〉、それをもっていなければ生活資料をも手に入れることができないという特殊の「霊力」をもつものになるのです〈そ

うとも言えない、原始フェティシュの崇拝者にとって、フェティシュは「霊力」をもつ護符でなく神それ自体であり、まさにその生活資料を手に入れんがため、フェティシュを崇敬するのだから〉」。(『資本論の経済学』岩波新書、〈 〉内は石塚の記述)もしマルクスが上述の箇所において「これを私はフェティシズムとよぶ」としないで、(これを私はイドラトリとよぶ)としていたのであれば、宇野の発言はなんとすんなり読まれることであろうか。カール=レーヴィトは極端にも、マルクスは『資本論』中で商品のフェティシュ的性格のことを「偶像」として提示した、と断定している(柴田治三郎訳『ヘーゲルからニーチェへ』Ⅱ、岩波書店)。だが、フェティシズムのことをただ用語上だけイドラトリと称するのと、その逆にイドラトリのことをただ用語上だけフェティシズムと称するのとでは、雲泥の差異がある。ところで、ド=ブロス(ベース・キャンプ)から最も隔たった地点、師の名を注解するのを忘れてしまうほどの地点にまで遠征した壮マルクスは、老境に至って、ラボックの書物中にふたたびド=ブロスの名と『フェティシュ諸神の崇拝』を見いだし、40年前に創ったベース・キャンプに戻ることにした。してみるとマルクスも人の子、やはり最終的には第一作(『ライン新聞』記事)に戻ったというわけである。或る思索家の最終到達点をよくよく調べてみると、その胚芽は往々初期の著作に含まれているとは、しばしばいわれることだが、それを強調しすぎると、先に示した私の向坂批評を訂正せよと迫られそうである。もし仮にそうなったとして、敢て自己弁護するならば、向坂と私の違いは、その最終到達点をどこにみるかという点に存する。

31 《「旱魃が──とプルタルコスは述べる」エジプトに「夥しい悲惨」と病弊を「蔓延させた場合」「祭司たちは聖なる動物を夜のあいだに或る秘密の場所に連れて来て、まずもってそれに、きわめて酷烈な威嚇を告げる。それでも弊害が止まぬ場合は、黙ってその生命を奪い、かかることを或る悪霊に対する処罰と見做す」。》《アウグストゥス帝が暴風のため、2度かれの艦隊を失った時、彼はネプチューンに対し、〈神がみのための〉行列において他の神がみと並んでネプチューン像を担うのを禁じることで、懲罰を与えた。》〔73-〕74頁
P:「旱魃が──とプルタルコスは述べる──この国に夥しい悲惨とペスト性の病弊を蔓延させた場合、祭司たちは聖なる動物を夜のあいだに或る秘密の場所に連れて来て、まずもってそれに、きわめて酷烈な威嚇を告げる。それ

でも弊害が止まぬ場合は、黙ってその生命を奪い、かかることを或る悪霊に対する処罰と見做す」。中国人もこれと殆ど同じことをする。すなわち、彼らの願いが待てど暮せど聴き届けられずにおかれると、彼らは自分たちの偶像を打ちたたくのである。ローマ人もそのようにした。というのも、アウグストゥス帝が暴風のため、2度彼の艦隊を失った時、彼はネプチューン〈海神、ギリシア神話ではポセイドン〉に対し、〈神がみのための〉行列において他の神がみと並んでネプチューン像を担うのを禁じることで、懲罰を与えたからである。S.73-74.

B：῍Si la sécheresse, dit Plutarque,,, cause dans le pays quelque grande calamite ou quelque maladie pestilentielle, les Prêtres prennent en secret pendant la nuit l'animal sacré, & commencent d'abord par lui faire de fortes menaces; puis, si le Malheur continue, ils le tuent sans en dire mot : ce qu'ils regardent comme une punitionfaite à un méchant esprit. "Les chinois en usent à peu près de même : ils batten leurs idoles lorsqu'elles sont trop longtems sans exaucer leurs priéres : & chez les Romains, Auguste ayant perdu deux fois sa flotte par la tempête, châtia Neptune, en defendant de porter son image â la procession avec celle des autres Divinités. p.102-103.

Ｉ：ド＝ブロスはここで中国人の゛偶像（idole）、という語を用いている。このように、フェティシュのことを例外的にイドルなどと記すものだから、後世の思想家、例えば―ド＝ブロスからの直接的影響は無いのだが―サン＝シモンなどは、以下のようにして、この２語を無意識に混同して用いることとなった。古代エジプトの「学者集団が民衆に教えた教義は、偶像崇拝〈idolâtries〉、唯物論、第一原因とみなされた可視的諸原因への信仰、であった。学者集団は民衆に、ナイル河、アピスの神つまり牛、ナイル鰐、玉葱を、太陽、月、さまざまな星座などと同様に崇めさせた」。（人間科学に関する覚書、第１部（181 年 3）、所収：森博編訳『サン＝シモン著作集、第２巻』恒星社厚生閣、1987、〈　〉は石塚）だが、サン＝シモンの弟子コントは、けっして師の轍を踏まなかった。そのことをも含めて、コントのフェティシズム論は極めて重要だ。となると、1850 年代前半にイギリスでコント『実証哲学講義』の英訳縮冊版が出たことが、我々にはたいへん気にかかる。ロンドンのマルクスが果たして読んだのかどうか？

32 《アラビア人のもとで神は、太古から、何の変哲もない四角い石塚であった。すなわち、アラビアのバッカス神、(ディザール) 高さ6フィートの石塚。メッカの石塊。》80頁。《「マーダイ人」〈は〉「ライオンを」、「モラド〈人〉は馬を」、「イエメン地方のアミア〈人は〉」「ワシを」〈各々神とした〉。》〔80-〕81頁

P：さて、アジアのフェティシズムに関する詳細な叙述を、まずはエジプトと境を接する民族、すなわちアラビア人から始めよう。この民族の神は、太古から、何の変哲もない四角い石塚であった。この民族の有名な神がみ中、別のものにディザールと呼ばれる、アラビアのバッカス神があって、それは高さ6フィート〈Bでは「6ピエ」、1ピエは約1フィート〉の、別種の石塚であった。アラビアおよびペシヌース〈おそらく後3世紀にガリアから小アジアへ移住したケルト系ガラティア人の町〉における石塊の神がみについては、アルノビウス〈のラテン語文献『異教徒駁論 Adversus natione』〉を調査することができる。メッカ神殿にある悪名高くて古くからの石塊〈der so berüchtigte, als alte Stein im Tempel zu Mecca, ド＝ブロスでは la fameuse pierre noire si ancienne dans le temple de la Mecque となっているから、メッカ神殿にある石塊は〝悪名高い〟のでなく〝例の黒い石塊〟であり、ピストリウスは訳し損ねている〉は、イスラム教徒が彼らの唯一神について健全な観念を抱いているにもかかわらず大いに崇敬し、その石塊についてイスマイールにまつわる説話をつくっているのだが、〈その石塊が〉かつて一種のフェティシュであったことは疑いないところである。S.80. ／マーダイ人はライオンを神とし、モラド人のそれは馬であった。またイエメン地方に住むアミア人（これは先史のオメリート人）のそれはワシであった。S. 80-81.

B：Pour commencer le detail du Fétichisme de l'Asie par la nation la plus voisine de l'Egypte, l'ancienne Divinité des Arabes n'etoit qu'une pierre quarrée : un autre de leurs Dieux célèbres, le Bacchus de l'Arable, appellee chez eux Disar, étoit une autre pierre de six pieds de haut. On peut voir Arnobe sur les pierres divinisées tant en Arabie qu'â Pacfinunte. Il n'y a guères lieu de douter que la fameuse pierre noire si ancienne dans le temple de la Mecque, si revérée par les Mahométans malgré les saines idées qu'ils ont d'un seul Dieu, & de laquelle ils font un conte relatif â Ismaël, ne fut autrefois un pareil Fétiche. / La Tribu de Madhaï avoit un lion, celle de Morad un cheval：celle d'Amiyar, qui sont les anciens Homerites, dans le pays d'Yemen, un aigle. P.110-111.

Ⅰ：カーバの黒石は、古くからメッカにある方形の神殿内の巨大な岩石（といっても隕石らしい）で、ムハンマド出現前には、その周囲に 360 個の偶像（有史に入ってからは神がみの象徴とされ出したので、もはやフェティシュとはいえまい）が立てられていた。ムハンマドはそれら偶像のすべてを破壊し、カーバの黒石だけを残した。ピストリウスが〝黒い〟を〝悪い〟と解釈したのは時代の反映であろうか。そういえばド＝ブロスは「黒人の奴隷制度を自然なこととみて、何らこの不正な制度に胸打たれていない」（古野清人、前掲論文）のだが、これも啓蒙期の一般的風潮の反映である。因みに、サン＝シモンはこの風潮を引摺ってしまった。

33 《ダマスクスの王ベナーダート〈は〉リモン神（ザクロの実）を、パレスティナでは特定の魚、さらには羊、（アステロート）等々。アグリベルすなわちまるい神、円錘形のまるい石〈は〉エメッセのフェティシストの神。》87〔、89〕頁

P：「〈前 800 年頃の〉ダマスクスの王ベナーダートは、ヘブライ語でザクロの実とかダイダイの実を意味する語リモンと称する神を得ていた。パレスティナでは、その土地のことばでダゴンとかアテルガティスと称される特定の魚（ダック, piscis〈魚〉、アーダー＝ダック magnificus piscis〈立派な魚〉）が、さらには羊（アステロート, oves〈羊〉）、アナーメルヒ（pecus rex〈王ないし祭司の畜群〉）と称される山羊ないしその他の小動物、さらにはセミラミス〈アッシリアの女王でバビロンの創建者〉の時代に因んで名づけられたハト、またその時代以来、アスタルテ〈シリア、フェニキアの女神〉ないしヴィーナス＝ウラニア〈天文を司る女神、アフロディテの異名〉と呼ばれてきた或る四角い石塚が〈崇拝の対象であった〉。S.87-88. ／アグリベルすなわちまるい神、ラテン語で rotundus Dominus（Agli=Baal〈Baal はパレスティナの自然神で一時人格神ヤハウェに混入〉）、円錘形のまるい石塊、それはエメッセ〈シリア西部の古代都市エメサ Emesa, 現在の Homs〉のフェティシストの神であった。他方、パルミラ〈シリア中部の都市遺跡、ローマと戦った女王ゼノビアで有名〉のサペイスト〈天体崇拝者〉は、まさにこれと同じ名のもとに太陽を崇拝していた。S.89.

B：Bénadad Roi de Damas avoit son Dieu Rimmon, dont le nom en

Hèbreu signifie une grenade ou une orange. La Palestine avoit des poisons nommés en langue du pays Dagon & Atergatis (Dag. *Piscis*; Ader-dag, *magnificus Piscis*）; des brebis (Astheroth, *oves*）; des chévres ou d'autres menus bestiaux apellés Ana-Melech (*Pecus Rex*）; une colombe nommèe depuis Sè-miramis; une pieiie quarrée nommée aussi depuis Astarte ou Venus Uranie： /Aglibel, ou le Dieu rond,（Agli-Baal, *rotundus Dominus,*）Pierre ronde en forme de cone, étoit la Divinité des Fétichistes d'Emesse, tanais que les Sabeïstes de Palmyre adoroient le Soleil sous ce même nom; p.120,122.

　B：ド＝ブロスは、『フェティシュ諸神の崇拝』序文において、サベイズムを、フェティシズムと共存する最も古い原初的信仰と考え、この２つがその後のあらゆる原始宗教の基となったと表明している。そのド＝ブロスを原典で読んだ宗教人類学の泰斗、古野清人は、次のように述べる。「サベイズムとフェティシズムとの２種類の宗教は東洋およびギリシヤの神話学の豊饒な源泉である。固有の偶像崇拝よりはもっと古いサベイズムとフェティシズムとは、神格化された人間の生涯が提供しえない、いいかえればユウヘメリズム〈神話は死んだ実在の英雄的人物の物語であるとするギリシアのユウヘメロスの所説〉では解決されないいろいろな説明を与えてくれる」。（前掲論文、〈　〉は石塚）

34　《アバディール神（パーター・マグニフィクス）〈は〉小石、ビブロスの女神も同様》90頁（崇拝の対象となった石塊ボエティル）〔90頁〕

　P：アバディール神（アブ・アディール、Pater magnificus〈大祖父〉）は小石であったし、ビブロス〈シリア地中海岸のフェニキア人都市、その地名はバイブルの語源〉の女神もほぼ同様に、ちょうどそうした石であった。ダマスクスのニコラウスは、そのようなフェティッシュについて〈次のように〉描写している。「それは―とかれは述べる―まるく磨きをかけられ、白味がかった地に赤い脈理を刻んだ石であって、直径ほぼ一当り〈親指の頭から小指の頭までの長さ〉位の大きさである」。この描写によってわれわれは、崇敬の対象とされた石のかたちについて、ひとつの概念をつくるのだが、それらの石は、サンコニアトンが言うには、ボエティルと称され、まさにそれと同一の報告によれば、その崇敬がきわめて古いものだから、かれはウラノス〈天王、神がみの王〉をその第１の創始者としている。S.90.

B：Le Dieu Abbadir（Abb-adir, *pater magnificus*）étoit un caillou, & la Déesse de Biblos â peu près la même chose. Nicolas de Damas décrit un de ces Fétiches："C'est, dit-il, une pierre ronde, polie, blanchâtre, veinée de rouge, â peu près d'un empan de diameter."Cette description nous apprend quelle étoit la forme des pierres divinisées & nommèes Bœtyles, au raport de Sanchoniaton, dont le culte, selon lui, est si ancient, qu'il en fait Uranos le premier instituteur. P.122-123.

　Ｉ：アバディール神に"pater"が付いている。ところで、その第一要素"pa"の意味は「守る」で、第二要素"ter"は「人」である。二要素合わせて「守る人」「保護者」となる。つまり、元々は「父」でなく、「氏族長」であった。母でもよかった。

35　ペルシアにおいて礼拝の対象たる樹木、ドラエト・ファシュ（恐るべき樹木）、108 頁。鶏に対するペルシア人の尊敬、109 頁

　Ｐ：ペルシア人の、少なくともそのうち粗野な下層民のフェティシュは、火と大樹である。火の崇敬は、たとえそれがひょっとして苛酷にすぎる迫害によって抑圧されても、まさに同じ地域で、依然として存在している。〈中略、フェティシュに適するような〉そのように古い樹木は、ペルシアのいたるところに存在している。それをこの民族は頗る信心深く崇敬し、それをドラエト・ファシュ、つまり恐るべき樹木と呼んでいる。S. 107-108./さらになお、ペルシア人は鶏に対しても多大な尊敬の念を懐いている。ゾロアスター教徒は、鶏の頭を切り落とすくらいなら死を選ぶであろう。メディア〈アッシリアを滅ぼしたイラン人最初の国家、前 8 〜前 6 世紀〉では夥しい数の鶏がみられ、アリストファネスはそれをメディア鶏と呼んでいる。S.109.

　B：Les Perses, du moins le peuple grossier, avoient pour Fétiches le feu & les grands arbres. Le premier des deux cultes y subsiste, malgré la persécution dont on l'accable, peut-être avec trop de rigueur,〈…〉Il y a partout en Perse de ces vieux arbres dévotement revérés par le people, qui les appelle *Draet-fasch*, c.d. *arbres excellens*./Les Perses avoient aussi un tirès grand respect pour les coqs. Un Guebre aimeroit mieux mourir que de couper le col â cet oiseau. Le coq etoit fort commun en Médie; Aristophane l'appelle l'oiseau Méde：p.144-147.

Ⅰ：ゾロアスター教は前7世紀に予言者ゾロアスター（ツァラトゥストラ）が創始したもので、光明神アフラマズダと暗黒神アーリマンの闘争における前者への味方を説いているが、その際火は光明神の象徴であって、ゾロアスター教徒のフェティシュではない。ゾロアスター教はフェティシズムではない。ド＝ブロスは、別の箇所でそのことを間接的に付言している。だが、形式としてのゾロアスター教徒のなかには、多くの原初的信仰者、つまりフェティシストが存在したことは疑いなく、よって、ここでのド＝ブロスの記述に誤りはない。このような文化の重なりは、日本にもみられる。例えば親鸞は、仏教について、この高等な宗教は日本人にとっていわば外被にすぎず、心底で根づいているのは原初的信仰、いまでいうシャーマニズムだと指摘したという。

36 《「カラカラ帝の鋳貨に彫られているパフォスのヴィーナス女神は、境界石か、或いは白い錐体であった。アルゴスのユノ女神、デルフォイのアポロ神、テーベのバッカス神〈などは〉」「飾縁なしの様々な小柱石。エウボイア島オレーウスのディアナ女神は自然のままの木片であったし、キュレテ島テスピアのユノ女神は樹木の幹であった」。「サモス島のユノ女神はただの板」、「デロス島のラトナ女神もそうで、カリエのディアナ女神は木製の丸棒」、「アテネのパラス女神と」「セレス女神」「双方ともあら削りもせぬままの杭であった、シネ　エフィギエ　ル　ディス　パルス　エト　インフォールメ　リグヌム」。》112、113頁

P：カラカラ帝〈3世紀初、領内全自由民にローマ市民権を付与した皇帝〉の鋳貨に彫られているパフォス〈キプロス島の町〉のヴィーナス女神は、境界石か、或いは白い錐体であった。アルゴスのユノ女神、デルフォイのアポロ神、テーベのバッカス神などは、飾縁なしの様々な小柱石であった。エウボイア島〈エーゲ海西部〉オレーウスのディアナ女神は自然のままの木片であったし、キュテレ島〈エーゲ・イオニア両海分域〉テスピアのユノ女神は樹木の幹であった。またサモス島のユノ神はただの板で、デロス島のラトナ女神もそうである。カリエのディアナ女神は木製の丸棒、アテネのパラス女神、およびセレス女神は、双方ともあら削りもせぬままの杭であった。Sine effigie rudis palus et informe lignum〈形の整わない自然のままの杭と、不恰好な木材〉。S.112-113.

B：La Vénue de Paphos figure sur une médaille de Caracalla, étoit une borne ou pyramide blauche : la Junon d'Argos, l'Apoiion de Delphes, le Bacchus de Thébes, des espéces de Cippes : la Diane Orèenne de l'isle d'Eubée, un morceau ae bois non travaullé : la Junon Thespienne de Cythéron un tronc d'arbre : celle de Samos une simple planche, ainsi que la Latone de Délos : la Diane de Carie, un roulean de ois; la Pallas d'Athènes & la Cérès un pieu non dègrossi, *sine offigie rudis palus et informe lignum*. P. 151-152.

37 「パウサニアすいわく、《ボエオティア国ヒュッテ神殿のヘラクレス像は何ら人為的な手の入っていない形状で、むしろ太古から伝わる粗末な石塊である。テスピアの神クピドの像は極端に古いものだが」、「また不恰好な石塊〈である。〉オルコメヌスにあるきわめて古いゲラシア神殿では、エテオクレス王の時代に天から降ってきたと伝えられる、その石塊だけが崇拝されている。要するに」「いにしえはるかな我らが始祖たちのあいだで」それらの石塊が神的に崇敬された。》115、116頁。《「イストゥミスにあるネプチューンの祭壇わきで」「慈善家ユピテル」「錐形」「ディアナ・パトゥロア」、「打って切り出された柱石」》116頁

P：パウサニアスいわく、「ボエオティア国ヒュッテ神殿のヘラクレス像には何ら人為的な手は加えられておらず、太古から伝わる粗末な石塊である。テスピアの神クピド〈キューピッド〉の像は極端に古いものだが、それもまた不恰好な石塊である。オルコメヌス〈ボエオティア、アルカディア両地方に同名の町があるが、ここではたぶん前者〉にあるきわめて古いグラシア〈美の3女神〉神殿では、エテオクレス王〈エディプスとイオカステとの息子〉の時代に天から降ってきたと伝えられる、その石塊だけが崇拝されている。要するに、いにしえはるかな我らが始祖たちのあいだで、それらの石塊に神の栄誉が施されたのであった」。ほかの箇所で、こうも語っている。「私はコリント近郊、イストゥミスにあるネプチューンの祭壇わきで、2体の、不恰好な、ほとんど人の手が加えられていない像をみたことがある。一方は慈善家ユピテルのそれで、錐形をしている。他方はディアナ・パトゥロアのそれで、こちらは打って切り出された柱石である」。S.115-116.

B：ˋLe simulacre d'Hercule dans son Temple d'Hyette en Béotie, dit Pausanias, ˋn'est point une figure taillée, mais une pierre grossiére à l'antique. Le Dieu Cupidon des Thespiens, don't l'image est exrémement ancienne, n'est aussi qu'une pierre brute : de même dans un fort ancient Temple des Graces à Orchomène on n'y adore que des pierres qu'on dit être tombées du Ciel au tems du Roi Etéocle. Chez nos premiers ancêtres les pierres recevoient les honneurs divins."Ailleurs il dit, "avoir vû vers Corinthe, près de l'autel de Neptune Isthmien, deux représenItations fort grossiéres & sans art, l'une de Jupiter bienfaisant qui est une pyramide, l'autre de Diane Patroa qui est une colonne taillée." p.155-156.

38 《「パウサニアスは、なおも我々に伝えてくれる、」「たとえ神がみのために彫像が立てられるようになろうとも、その神がみの名を帯びた不恰好な石塊は、」「原初の崇拝をけっして失うことはなかった」。「『不恰好であるほどに、また太古のものであるほどに、それだけまた崇敬に価するのである』」。》117頁

P：パウサニアスは、なおも我々に伝えてくれる、たとえ神がみのために彫像が立てられるようになろうとも、その神がみの名を帯びた不恰好な石塊は、それでもなお、太古に当然帰さるべき原初の崇拝をけっして失うことはなかった。いわく、「不恰好であるほどに、また太古のものであるほどに、それだけまた崇敬に価するのである」。S.117.

B：Aussi Pausanias continuet-il de nous apprendre, que, quoiqu'on eût érigé des statues aux Dieux, les pierres brutes qui en portoient les noms ne restèrent pas moins en possession du vieux respect dû a leur antiquitè; ˋtellement, dit-il, que les plus grossières sont les plus respectables, comme étant les plus anciennes."p.157-158.

Ｉ：パウサニアスの引用で飾ったこのド＝ブロスの記述には、、ネガティヴ・フェティシズム（神がみの影像によって象徴されるもの）とポジティヴ・フェティシズム（不恰好であるほど、太古のものであるほど崇敬に値するフェティシュ）の混在、後者を土台とした前者の成立がうかがえる。原始フェティシズム（ポジティヴ・フェティシズム）は、文明フェティシズム（ネガティヴ・フェティシズム）によって打ち消されるのではなく、隠れて、その土台となって潜続する。ザードルガ、オプシチナ、或いはコヴァレフスキー、モーガンに注目しだした老マルクスは、現代（19世紀後半）における原初の残存に心（唯物史観）を揺す振られる。そして、ついにラボックによって、心の、運命の扉を叩かれる。

39 《「かつて主物そのものであったものの表象が」のちには「象徴」〈となった〉。》《「ユスティヌスが太古に神として崇められた投槍〈について語った話の〉中に、「像からそれと反対の像へのこうした移行の、明白なる証拠が見いだされる」。》120頁

P：かつて主物そのものであったものの表象が、いまやたんに、習慣から、年代的にみて後世のもの、二次的なものであるような神がみの像に付着した象徴としてのみ見いだされるのである。ユスティヌス〈おそらく2～3世紀頃のローマの史家〉は、神として崇められた太古の投槍について、それはあとから、むかしの崇敬の思い出にと〈後世の〉神がみの彫像に付け加えられたのだと語っているが、そのなかには〈フェティシュたる〉像からそれと反対の像へのこうした移行の、明白なる証拠が見いだされるのであり、偶像崇拝そのもののなかに、依然として保存されてきた太古のフェティシズムのこの性格についての明白な証拠が見いだされるのである。ユスティヌスからは、ほどなく〈ユスティヌス〉自身のことばを引用することになろう。S.120.

B：La représentation des choses autrefois principales ne se trouve aujourd'hui que comme symbole habiuellement joint à l'image des Divinités, qui cependant ne sont que secondares en ordre de date. On trouve une preuve bien formelle de ce passage du type à l'antitype, de ce caractère de l'ancien Fétichisme conservé dans l'idolatrie même, dans ce que Justin raconte des javelines divinisées, puis jointes en mémoire du l'ancien culte aux statues des Dieux. Je rapporterai bientôt ses propres paroles. P.161-162.

I：ここでこそ引用すべきであろう、偶像を「フェティシュと混同してはならない（Sind nicht zu verwechseln mit Fetisch.)。フェティシズムは、神的存在に対する攻撃であり、僻像崇拝はそれに対する屈服の行為である（fetichism is an attack on the Deity, Idolatry an act of submission to him.)」。（ジョン＝ラボック『文明の起原と人類の原始状態』(1870) からの、老マルクスの摘要、所収：『マルクス・エンゲルス全集・補巻4』、カッコ内は石塚、一部改訳）このようにマルクスによって引用されたラボックを、以下において原本から直接引用してみると、こうなる。── ˇThe error of regarding Idolatry as the general religion of low races, has no doubt mainly arisen from confusing the Idol and the Fetich. Fetichism, however, is an attack on the

Deity, Idolatry is an act of submission to him; rude, no doubt, but yet humble. Hence Fetichism and Idolatry are not only different, but opposite, so that the one could not be developed directly out of the other. We must therefore expect to find between them, as indeed we do, a stage of religion without either the one or the other.〟J. Lubbock, *The Origin of Civilisation and the Primitive Condition of Man*, London, 1870 (Reproduction, 1978). P. 225-226. マルクスが摘要したすぐその後に続く一文が、あらたに注目されねばならない。「フェティシズムとイドラトリは、ただ異なっているだけでなく、正反対のものである。だから、一方が他方から直接引き出されたというものではありえない」。この見解は、ド＝ブロスを直接読んだラボックのものであるからこそ、明らかにド＝ブロス説と異なる、その純化となっている。私のポジティヴ・フェティシズム／ネガティヴ・フェティシズムは、このラボックの見解をも包み込む。こうしてド＝ブロス→若いマルクス（1841・42）、ド＝ブロス→ラボック（1870）→老マルクス（1882）の2系譜が、『資本論』の壮マルクスの、商品フェティシズムのところ（1867）で1つに結びつけられる。だが、この結合は、時間的にみても不自然である。その鎖の環を最終的に老マルクス（1883・3・14以降）のところで結べないのが、くやまれるのである。だれか、老マルクスの遺志を受継いだ者はいるだろうか？

40　ローマ人のもとでは《「のちにカストルとポルックスと呼ばれるようになったところの、1本の横木で相互に結びつけられた2本の柱、」「彼らの神」。》それと同じものたる中国人のイーヌ・ユーヌ、122頁

P：原初期ローマ人の宗教は、ギリシア人のそれとまったく違った意図によって成り立っていた。〈中略〉のちにカストルとポルックス〈ティンダレオスの双生児、双子座の星〉と呼ばれるようになったところの、1本の横木で相互に結びつけられた2本の柱は、彼ら〈ローマ人〉の神を表現していた。珍奇なことだが、中国人も原初以来それと同様のかたちで神を得ていた。オート＝レという人物によるその最も古い文献からの抜粋には、次のことが読まれる。「第9キ〈紀元9年の意か〉の時代に、イーヌ＝ユーヌが2本の木材を相互に結びあわせ、一方は真すぐに立て、他方は横にしておいた、これによって神を崇敬するためにである。またそこから、それらの木材はイーヌ・ユーヌと呼ばれるようになり、特に横木はイーヌ、真すぐに立っ

た方はユーヌとよぱれた」。S.120. S.122.

　B：La Religion des premiers Romains étoit formée sur un tout autre plan que la Grecque./ Deux poteaux assemblés d'une traverse, qui depuis s'appellèrent Castor & Pollux, faisoient l'une de leurs Divinites. Il est bien singulier que les Chinois, des leurs premiers siécles, ayent eu une pareille forme de Divinité. On lit dans les extraits de leurs plus anciens livres, donnés par Mr. des Hautes-Kayes, ＾que Hiene-Yuene, au tems du 9e ki, joignit ensemble deux piéces de bois, l'une posée droit, l' autre en travers, afin d'honorer le Très-Haut, & que c'est de la qu'il s'appelle Hiene-Yuene; le bois traversier se nommant Hiene , & celui qui est posé droit Yuene. ＾ p. 162-164.

41　《ヴァロによると、ローマのマルス神は投槍〈であった。〉》123頁

　P：ヴァロ〈ローマ人の一氏族テレンティア人という意味もあるが、ここではたぶん前1世紀ローマの学者マルクス＝テレンティウス＝ヴァロ〉がいうには、ローマ人の神マルス〈軍神〉は投槍であった。ユスティヌスがローマ建国について語るなかで言うには、「その頃王は未だ、王冠の代わりに投槍を、自分の専制権力の証として携えていた。なぜなら、原初の数百年来、古代人は不滅の神でなく、投槍を崇敬していたからである。また、この太古の宗教の思い出として、神がみの彫像は今でもなお、その手か、或いは自身のかたわらに槍を持っている」。S.123.

　B：Le Dieu Mars des Romains, dit Varron, étoit un javelot. ＾Encore en ce tems, dit Justin, parlant de la fondation de Rome, les Rois au lieu de Diadême portoient une javeline pour marque de souveraineté. Car dés les premiers siécles l'antiquité adoroit des javelines au lieu des Dieux immortels：& c'est en mèmoire de cette ancienne Religion que les statues des Dieux ont aujourd'hui des lances. ＾ p.165.

**42　《「崇拝の対象となった石塊の中には、自然学者がヒステロリトと名づけているものがあったし、それらの石には自然が」「口腔とか、或いは女性の生殖器のかたちを刻みつけていた」。「神がみの母と呼ばれた名高きボエティルは、この」「部類に〈入る〉」。或いは「石と化した貝の刻印、コンカ・ヴェネリ」。「様々の、こうした石塊アストロイト、」「自

然がその表面に一定の形で、〈例えば〉筋とか小さなウェーヴ状の線条、殆ど文字のようなものとかで飾りたてたもの」、「人びとはそれらを正確に観察した」、「前途を予測した」。》124、125。《「むきだしの剣」「ケルト人の崇拝する神がみのひとつ、スキタイでは」「サーベル」。》 128頁

　P：崇拝の対象となった石塊の中には、自然学者がヒステロリト〈ヒステア、つまり〝子宮〟からの派生語〉と名づけているものがあったし、それらの石には、その造形において自然が口腔とか、或いは女性の生殖器のかたちを刻みつけていた。最近の或る学者は、神がみの母と呼ばれた名高きボエティルは、この後者〈女性の生殖器のかたち〉の部類に入ると注釈している。またそれはひょっとして、石と化した貝の刻印、コンカ・ヴェネリ〈貝の女神〉であろう。それから、神がみの母というよび名もまた、出産に関連したこの形状に、その起原を求めうるものであろう。くだんの学者はさらに、こうした石塊の若干がアストロイト〈天体〉や、或いはほかの似たようなもので、その表面は或る種の図形、筋とか小さなウェーヴ状の線条、殆ど文字のようなものとかで飾りたてられており、人びとはそれらを詳しく観察し、そこから前途を予測したのだと注釈している。S.124-125／むきだしの剣は、なお依然としてケルト人の崇拝する神がみのひとつであった。スキタイにも似たようなことが存在した。というのも、同地方ではサーベルが崇拝されたが、この崇拝は、することといったら戦争以外にはないような野生人のあいだでは、ごく自然なのである。S.128-129

　B：Parmi les pierres adores, il y en avoit quelques-unes de celles que les Physiciens appellant *Hystérolithes*, ou la nature en les formant avoit imprimé une espèce de figure de bouche ou du sexe féminin. Un savant moderne remarque que le célèbre Boetyle appellè la mère des Dieux étoit de cette dernière espèce : ce pouvoit être une empreinte pétrifiée du coquillage *Concha Veneris*; & le nom de mère des Dieux a pû venir aussi de cette figure rélative à la generation. Le même Auteur observe encore que plusieurs de ces pierres étoient des Astroïtes, ou autres pareilles, dont la superfice se trouvoit naturellement ornée de certaines figures, lignes, rides, ou façon de lettres, dont l'inspection servoit à conjecturer l'avenir./ Une épée nue étoit encore une des Divinités Celtiques; coutume semblable à celle de Scythie, où l'on adoroit un cimeterre, & culte fort naturel aux Sauvages, dont la guerre est preique l'unique employ. P.166-167. P.173.

Ⅰ：ド＝ブロスは野生人のことを「することといったら戦争以外にはないような」と形容しているが、そのことからも判明するように、彼は単純な原始礼讃者でなく、18世紀当時の思潮中では古代派にでなく、近代派に属していた。それから、ド＝ブロスの記述には〝神がみの母〟とか〝ヒステロリト〟崇拝がみられるが、原始フェティシズムと母、母性、母権との関係を考えるのに、以下に挙げる老マルクスのモーガン『古代社会ノート』（マルクス本人の記述）が意味深長である。「最古。無規律婚をともなっている群生活、家族はなかった。ここでは母権（ホルド）だけが、なんらかの役割を果たすことができた」。（所収：クレーター編・布村一夫訳『古代社会ノート』）また拙稿「母権とフェティシズム──バッハオーフェンとド＝ブロス」、布村一夫ほかとの共著『母権論解読──フェミニズムの根拠』世界書院、1992、参照。

43 《「タンター　ゲンティウム　イン　レブス　フリーヴォリス　プレールムクウェ　レリギオー　エスト」》135頁

P：上述したばかりのプリニウス〈1世紀ローマの博物学者〉は、しごく単純な事実、およびさしたるこじつけでもない推理に基づいて、ガリア人の、ごく些細な対象に対する信心深い崇敬にふれて、〈次のように〉記している。Tanta gentium in rebus frivolis plerumque religio est.〈些細な事物に対するそれら諸民族の敬虔な畏怖は、たいていは、すこぶる大である、プリニウス『博物学 Historia natura-lis』第16巻から〉S.134-135.

B：C'est sur des faits tout simples, & sur des raisonnemens beaucoup moins dètournés, que le même Pline s'écrie, à l'occasion de la profonde vénération des Gaulois pour de très petits objets：*Tanta gentium in rebus frivolis plerumque religio est.* p.177-181.

第3章　フェティシズムの諸原因

Ⅰ：このタイトルはド＝ブロス著作の第3章を指すが、マルクス、ピストリウス　ド＝ブロスにおける各々の表記は次の通り。Marx：Ursachen des Fetischismus. / Pistorius：Prüfung der Ursachen, denen man den Fetischismus zuschreibt. / de Brosses：Examen des causes auxquelles on attribute le Fétichisme.

44 《「我々にはわかる」「野生人は」「彼らが」「そのおかげで恩恵を受けているもの、自然のありふれた、規則的な進行が彼らに調達してくれる」守護神「よりもずっとはるか頻繁に、たちの悪い守護神に祈りを向けていることである。事情はそのようにならざるを得ないことなのであって、立派な四肢と器官をもつ動物であっても、野生人の眼前では殆どありふれたものであり、それは彼の注意を引きつけるものでもなく、崇敬の念を生ぜしめるものでもない」。》158頁

P：我々には、次のこともわかる。野生人は、彼らがそのおかげで恩恵を受けている守護神、自然のありふれた、規則的な進行が彼らに調達してくれる守護神よりもずっとはるか頻繁に、たちの悪い守護神に祈りを向けていることである。事情はそのようにならざるを得ないことなのであって、立派な四肢と器官をもつ動物であっても、野生人の眼前では殆どありふれたものであり、それは彼の注意を引きつけるものでもなく、崇敬の念を生ぜしめるものでもない。S.158.

B：Aussi voyons-nous les Sauvages s'adresser beaucoup plus souvent dans leurs priéres aux génies malfaisants qu'à ceux auxquels ils doivent les bienfaits habituels que leur procure le coursordmaire & régulier de la nature. Une chose telle qu'elle doit être, un animal bien constitué dans ses membres & dans ses organs, est pour le Sauvage un spectacle ordinaire qui n'excite en lui ni sensation ni dévtion. P.211.

45 《「コリオランが言うには、神がみは軍事においてこそ特別の影響力を示すものだ、というのも、ここでの勝利こそすなわち、ほかのどこで

よりも不確実だからである」。》　163頁

P：コリオラン〈コリオラヌス Corioianus、つまり、前493年にラティウムのコリオリ Corioli を占領したことでそう呼ばれるようになったマルキウス Caiiis Marcius らしい〉が言うには、神がみは軍務においてこそ特別の影響力を示すものだ、というのも、ここでの勝利こそすなわち、ほかのどこでよりも不確実だからである。S.163.

B：Coriolan disoit que les Dieux influoient surtout dans les affaire de guerre, où les événe-mens sont plus incertains qu'ailleurs. P. 218.

46　《アフリカのモール人（かれらはイスラム教を受け入れた）はフェティシュを、彼らの祭司すなわち<u>マラブー</u>によって聖別される<u>グリグリ</u>を持っている。》《「かれらのあいだでみられるイスラム教の影響といえば唯一」「いまやフェティシュが<u>副次的な威力、すなわち、</u>」「あらゆる類の<u>悪弊</u>」等々「に対する<u>護符として</u>」「考えられていることである。各々のグリグリは各々の特性を持っている。したがってモール人はそれをきわめて数多く持ち、それがためしばしば頭の先から足もとに至るまで吊り下げている。フェティシュが威力の点で役立たすとなれば、数の点で再び効果をつけたのだった」。》　177、78

P：エジプト人は、多くのことがらにおいて、確かに頗る利発であったし、また幾多の工芸に十二分通じてきた。だがそれでも、人間精神がなんとはなはだしく矛盾だらけであるかを知らぬ者があろうか。また、誤った観念がながきに亘る慣習を通じて根を張っている場合、その精神が誤った観念から自己を再び解き放つことがいかに困難となるかを〈知らぬ者があろうか。〉アラビア人の血を引き、イスラム教が唯一神という知識を持ち込んだ、アフリカのモール人〈ムーア人、元来は北アフリカ・モロッコの先住民で、7世紀にイスラム化した〉のもとで生じていることを観察してみよう。彼らのもとでは、イスラム教に改宗したにもかかわらず、依然としてフェティシュの祭儀が一般に普及しており、彼らの祭司、すなわちマラブーによって聖別されている。これらの祭司は、フェティシュのことをグリグリと呼ぶ。彼らのあいだでみられるイスラム教の影響といえば唯一、いまやフェティシュが副次的な威力、すなわち、あらゆる類の悪弊や不幸な出来事に対する保護手段として役に立つ護符と考えられていることである。各々のグリグリは各々の特性を持っている。したがってモール人はそれをきわめて数多く持ち、それ

がためしばしば頭の先から足もとに至るまで吊り下げている。フェティシュが威力の点で役立たずとなれば、数の点で再び効果をつけたのだった。エジプト人もまた護符のごときフェティシュを身につけていたことは、確かである。S.176-178.

　B：Certainement les Egyptiens ont été sages en beaucoup de choses, & versés dans la connoissance de bien des arts. Mais qui neçait combien les hommes ont d'inconséquence dans l'esprit, & de peine a revenir de leurs fausses idées quand ells ont pris racine par une très longue habitude? Obeservons ce qui se passe chez les Mores d'un seul Dieu. Malgré le Mahométisme don't ils font profession, l'usage des Fétiches n'est ni moms généralement répandu ni moins consacré par leurs Prêtres Marabous : ceux-ci donnent aux Fétiches ie nom de *Grigris*. La nouvelle Religion n'a produit d'autre dffer que de les faire regarder comme des puissances subalterns, comme des talismans préservatifs contre toute sorte de maux ou d'événemens fâcheux. Chaque Grigris a sa propriété : aussi les Mores en ont-ils tant, qu'ils en sont quelquefois couverts de la tête aux pieds : parmi eux les Fétiches ont gagné en nombre ce qu'ils ont perdu en force. II est assez certain aussi que les Egyptiens portoient sur eux leurs Fétiches talismaniques. P.233-236.

47　《ディオドルスによると」エジプト人が「言うには、神がみはかつてほんのとるに足りない数しか存在しなかった。」「また」「不信心の、不道徳の」人びとに「抑圧されるという恐れから、追跡と憤怒を」「逃れんがため様ざまな動物の姿に身を隠して潜んできたのである。上に述べたこれらの神がみは、」「最終的に世界の支配者となったからには、動物と似た姿のおかげで救われたのだという感謝のしるしから、」「かかるものを自ら聖化して護り、人間たち自身には、これを注意深く飼養し、礼儀正しく埋葬するよう命じたとのことである」》18・ヒストリカ』第1巻からの引用〉によると、「彼ら〈エジプト人〉が言うには、神がみはかつてほんのとるに足りない数しか存在しなかった。不信心の、不道徳の群衆〈Menge der… Menschen, マルクスはこのMenschenをLeuteと書き換えている〉に抑圧されるという恐れから、かの者たちの追跡や憤怒を逃れんがため、とにかく様ざまな動物の姿に身を隠して潜んでき

たのである。けれども上に述べたこれらの神がみは、最終的に、世界の支配者となったからには、動物と似た姿のおかげで救われたのだという感謝のしるしから、かかるものを自ら聖化して護り、人間たち自身には、これを注意深く飼養し、礼儀正しく埋葬するよう命じた」とのことである。S. 186.

B："Ils dissent, selon lui 〈Diodore〉, que les Dieux n'étant autrefois qu'en petit nombre, & craignans d'être accablés par la multitude des hommes impies & scélérats, se cachoient sous la forme de divers animaux, pour échaper à leur poursuite & à leur fureur. Mais ces mêmes Dieux s'étant enfin rendus les Maitres du Monde, avoient eu de la reconnoissance pour les animaux dont la ressemblance les avoit sauvés : ils se les étoient consacrés, & avoient chargé les hommes même de les nourrir avec soin, & de les ensevelir avec honneur." P.247.

48　様々な動物におけるオシリスの〈バラバラにされた〉肢体の神話。187頁

P：ティフォン〈エジプト神話ではセト Seth〉は彼の兄オシリスを殺し、その死体を26片に切り刻み、それらを撒き散らした。それゆえイシスは彼を攻撃し、夫の殺害に対する復讐をし、即位ののち、そのバラバラに散った肢体を探しに出かけ、それらを見つけた。かかるものを永遠に令名高き墳墓とするため、イシスは26箇のミイラを作り、その中にオシリスの身体を1片ずつ保存した。そのことに関し彼女は、祭司団をそれぞれ別々に自分の許へ召集し、各祭司団に対し秘かに、オシリスの身体全部の保管において他の祭司団より優越しているのだと確言した。彼女は、この祭司団各個に対し、好みに応じた動物を選ぶよう義務づけたが、それに対しては、生きているあいだはオシリスに対するような崇敬を示すこと、またそれが死んだ場合はそれに劣らず立派に埋葬すべきこととされたのである。S.187.

B：Typhon tua son frère Osiris, & coupa le cadavre en vingt-six parties qu'il dispersa. Isis lui fit la guerre, vengea le meurtre de son époux, & étant montée sur le Throne, chercha & retrouva ses membres épars. Pour leur donner une sépulture à jamais célèbre, elle fit vingt-six momies, dans cnacune desquells elle mit un morceau du corps d'Osiris; & ayant appellé chaque societé de Prêtres en particulier, elle assura en secret chacune des societés qu'elle l'avoit préferée aux autres pour êrre dépositaire du corps entier d'Osiris. Elle enjoignit à chacune d'elles de choisir un animal tel qu'elles le vuudroient, auquei on rendroit pendant sa vie les mêmes respects qu'à Osiris, & qu'on enseveliroit après sa mort avec les mêmes honneurs. P.248-249.

　Ｉ：オシリスは、エジプト初期王朝時代（前3000年頃）に、文明と農耕の神として登場した。したがってオシリス神話は、狭義にはフェティシズムと直接の関係はなく、それ以降の宗教ということになる。オシリス神話の概略は次のようである。文明と農耕の神、植生の神として人民に尊崇されるオシリスに対し、弟のセトは嫉み、兄オシリスをだまして箱に閉じ込め、ナイルに流した。シリアに漂着したオシリスの遺体を、妻イシスは神託によって発見し、これを人里離れたところに隠す。しかしセトはこれを探し出し、再度オシリスの遺体を奪い、5体をバラバラに切断してエジプト中に撒き散らした。イシスは断片を集めたが、（中王国時代以降の神話では）ナイルのワニがオシリスの5体を発見するのに大いに貢献した。こうして、死者でありつつも神格化されたオシリスは、農業神に加え冥府の神としても信仰されるようになった。なお、ギリシア人はセトのことを怪物ティフォンと同一視したため、ド＝ブロスはギリシア神話に依拠して（但し神話成立の系譜をエジプト→ギリシアと実証しつつ）、セトをティフォンとしている。また、夫殺しに対するイシスによるセトへの復讐は、神話中ではオシリス・イシスの子ホルスによって行なわれたことになっている。それからイシスがオシリスの身体を復元するためミイラを造ったことは、古代エジプトのミイラ造りの起原となったらしいのだが、そのようなことどもを総合すると、オシリス神話（エジプト神話）からじかに原始フェティシズムを説明することは極めて困難である。事実、ド＝ブロスはそのようなことをしていないし、「素裸で暮していて、オシリスの下僕をも、神化された人間崇拝の下僕をも持ち合わせていない先住民は、フェティシュの下僕となっている」と述べている（p.251）。

49 《「プリニウスもまた同様に述べている。ニンニクと玉葱は、エジプト人が誓いを立てる神がみである」。》189頁

　Ｐ：ヘラクレスが被われていたライオンの皮は、ギリシアでは生きたライオン種を神格化しなかった。そのほか、エジプトの首長たちはかつて玉葱を装飾として兜の先に付けていたというのは、私には極めて疑わしく思われ

る。これらもまたエジプトの神がみに属していたのだ。プリニウスもまた同様に述べている。「ニンニクと玉葱は、エジプト人が誓いを立てる神がみである」。〈『博物学』第19巻〉第2に、こうした鮮明からすると、フェティシズムは、本来のいわゆる偶像崇拝からの、それから結果として派生したところの、たんなる変化物というように仮定される。ところがまったく逆に、エジプトにおける動物に対する神的崇敬は、あきらかに、偶像崇拝が存在するよりも古く、また後者は、ギリシアとかそのほかの東洋と比べてさほど流行するようにはならなかった。S.189-190.

B：La peau de lion dont se coëffoit Hercule n'a pas déïfié dans la Gréce l'espèce vivante des lions : outre qu'il me paroit douteux que les capitaines Egyptiens ayent jamais porte d'oignons pour cimiers de leurs casques : c'étoit pourtant un des Dieux de l'Egypte. Pline dit pareillement : ╲L'ail & l'oignon sont des Dieux sur lesquels l'Egyptien fait serment.╱ Elle suppose, 2°. que le Fètichisme n'est qu'une alteration de l'idolatrie proprement dite, dont elle seroit dérivée à la suite des tems; au lieu que le culte des animaux paroit au contraire visiblement antérieur en Egypte à celui des idoles, qui même n'y a pas été aussi fort en vogue dans la Grèce & dans le reste de l'Orient. P.251-252.

50 《「プルタルコスとディオドルスの報告によれば、エジプト人は、ノモス（州）によって分割された時に、各々のノモスに個別の崇拝を指令された。それは」エジプト人が「反乱を起こさないように、また束縛を脱せんと一致団結するのを阻止するためであった」。宗教の差異「ほどに、人びとを引き裂き、相互に遠ざけるもののほかないからである」。「〈次のように〉慎重に配慮がなされた」。「自然のあり方からして憎しみをもっているような」「そうした動物を、隣接するノモスに対して指定すること」、「それは、各々が自分の神を隣人によって」虐待された「とみるか、或いは隣人によってかれの神の敵が崇敬されたと見做した場合、それによって住民の」この「憎悪をいっそうかきたてるためにである。」》 192、193頁

P：プルタルコス〈『イシスとオシリス』〉とディオドルス〈『ビブリオテカ・ヒストリカ』〉の報告によれば、エジプト人は、ノモス（州）によって分割された時に、各々のノモスに個別の崇拝を指令された。それは、住民が

反乱を起こさないように、また束縛を脱せんと一致団結するのを阻止するためであった。宗教の差異〈die Verschiedenheit der Religion, この語をマルクスは Religionsverschiedenheit と書き換えている〉ほどに、人びとを引き裂き、相互に遠ざけるものはほかにないからである。〈そこで〉自然のあり方からして憎しみをもっているような、そうした動物を、隣接するノモスに対して指定するよう慎重に配慮がなされた。それは、各々が自分の神〈動物〉を隣人によって虐待された〈gemißhandelt, この語をマルクスは mißhandelt と書き換えている〉とみるか、或いは隣人によって彼の神の敵〈やはり同じく動物〉が崇敬されたと見做した場合、それによって住民間の憎悪をいっそうかきたてるためにである。──こうしたことは、事実、極めて巧妙な、また極めて真実みのある根拠に支えられた政策であったというところである。S.192-193.

B：Plutarque & Diodore raportent, que lorsqu'on divisa l'Egypte en Nomes, afin d'empêcher les habitants de remuer & de s'unir pour secouer le joug, on imposa dans chaque Nome un culte particulier; rien ne tenant les hommes plus divisés & plus éloignés les uns des autres que la différence de Religion. On eut soin d'assigner à chaque Nome voisin des animaux antipathiques, pour augmenter la haine entre les habitants, lorsque chacun verroit sa propre Divinité maltraitée, ou l'ennemi de son Dieu honoré par ses voisins. Une politique si raffinée auroit été sans doute excellente & appuyée sur un fondement trés véritable. P.255-256.

Ⅰ：この摘要には、〝人びとを引き裂き、相互に遠ざけるもの〟としての宗教が読まれる。よって、マルクスが『ライン新聞』第298号（1842年10月25日付）で「未発達な封建制度の国やカースト制度の国」では「本来的な姿での動物崇拝が存在する」と綴った部分の裏付けは、このあたりに存するとみてよかろう。なお古代エジプトにおけるノモスは、それがもともと自立して群居していた太古の段階と、それが地方的一行政区域として王国に組み込まれてからの段階では、同一の名称のもとにまったく異なった性格、すなわち前者は社会的単位（ソキエタス）、後者は政治的単位（キウィタス）という性格を与えられたのだが、プルタルコスらの証言は、そのことを物語るものである。

51 《「別の人びとは、各々の動物は、或る一段と崇高な神の表象を帯びており、動物はその神の可視の像だったと述べた」》193頁。《そこで

ブバスティスでは「月が猫を通じて表象されて」いる！「どれだけ単純なことか」「月」それ自体を崇拝する方が「月下に住まう猫に向ける」「よりも」》〔193-〕194頁

　P：別の人びとはまた、各々の動物は、或る一段と崇高な神の表象を帯びており、動物はその神の可視の像だったのだと述べた。その結果動物を神それ自体と考えざるをえないほどになったということである。それゆえにブバスティス〈エジプトの町、またローマの月の女神ディアナにあたるエジプトの女神〉では、月が猫を通じて表象されていた。ブバスティスの住民は、しかしこれにより間違って正当化されている。なぜなら、人びとが猫を月と見做す場合、それは猫それ自体を崇拝するのと同じく愚かなことだということが明らかだからである。ところでその際、この崇拝を月に直接向ける方が、月下に住まう猫に向けるよりもどれだけ単純なことか！。S.193-194

　B：D'autres ont dit que chaque animal emportoit avec foi l'idée d'un Dieu plus relevé dont il étoit le type; de sorte qu'il faudroit ainsi regarder l'animal comme le Dieu même. A Bubaste donc le chat auroit été le représentant de la Lune. Mais les habitans de Bubaste sont assez mal justifiés par-là : car il n'y a guères moins d'imbécillite à prendre un chat pour la Lune qu'à l'adorer luimême. D'ailleurs combien n'étoit il pas plus simple de rendre directement ce culte à la Lune, que de l'adresser aux chats sublunaires! P.257.

52　《プルタルコスは「耳で考え口から発するというイタチが言葉の象徴であるという」、「牝猫〈は〉「月の象徴」、なぜなら双方とも斑点を持ち、「夜間に移動する」から。「ヤマカガシ蛇」と「コガネ虫〈は〉」「太陽の象徴」、「コガネ虫については、太陽と同じように後方に動くからであり」「ヤマカガシについては、太陽と同じく老いることなく、また足を持たずにたいそうしなやかに」動く「からである」。》195、196頁。《原初の数世紀にみられた粗野な純朴性〈は〉、理性的とはいえぬが、より真実らしい。》　196頁

　P：鰐は舌を持たないから、ひと声も発せずに永遠なる智慧の法を我々の心中に刻印する神の象徴とみなせるなどと、プルタルコス〈『イシスとオシリス』〉と一緒になって言えるだろうか。或いは、かくも卓越した精神の持主が、不合理きわまりなく、また人間の健全な分別からひどくかけ離れたこ

とがらに高尚な言葉で言及するのをみて、むしろ驚かないことがあろうか。いわんや、耳で考え口から発するというイタチが、そのようにして生じた言葉の象徴であると彼〈プルタルコス〉が言ったなら、なお驚かないことがあろうか。また、光には原初の暗闇が先行していたのだから視力を失ったトガリネズミ〈地ネズミ〉が崇拝されるとか、月は猫と同様斑点を持ち、双方とも夜間に移動するから、牝猫は月の聖なる象徴であるとか、さらにはヤマカガシ蛇とコガネ虫は太陽の象徴である、なぜならコガネ虫については、東から西へ移動し、したがって西から東へと動く第九天体〈中世にプトレマイオスの天動説に添加された最外部の天体〉の運行とあべこべに動く太陽のように、後方に動くからであり、ヤマカガシについては、太陽と同じく老いることなく、また足を持たずにたいそうしなやか、巧みに動き回る〈marschiert, この語をマルクスは läuft と書き換えている〉からであるとか〈をプルタルコスが言ったなら、驚かないことがあろうか。〉S.195-196. 野生の〈wilden, この語をマルクスは適切にも ersten と書き換えている〉数世紀にみられたこの粗野な純朴性を、私は彼らの崇拝の基盤にして第一の源泉と考えるのだが、それは、なるほどより理性的とはいえぬが、しかし少なくとも一層の真実らしさは保持している。S.196.

B：Dira-t-on avec Plutarque, que le crocodile n'ayant point de langue doit être consideré comme le symbole de la Divinité, qui sans proférer une seule parole imprime les loix éternelles de la sagesse dans le silence de nos cceurs? ou plutôt ne sera-t-on pas surpris de voir un si excellent esprit débiter en termes magnifiques des choses aussi peu conséquentes & aussi éloig-nées du sens commun? On est tout-à-fait étonné de lui entendre dire que la belette, qui conçoit par l'oreille & accouche par la bouche, est le symbole de la parole qui procède ainsi : que la musaraigne aveugle est adorée, parce que les ténèbres primitives ont précédé la lumiére : que la chatte est le type sacrè de la Lune, parce qu'elle a comme elle des taches sur sa superficie, & qu'elle court la nuit : que l' aspic & l'escarbot sont les types du Soleil; l'escarbot parce qu'il va à reculons, comme le Soleil allant d' Orient en Occident va contre le mouvement du premier mobile qui se meut d'Occident en Orient; l'aspic, parce que comme le Soleil il ne vieillit point, & marche sans jambes avec beaucoup de souplesse & de promptitude：p.259-260.／La grossière simplicité des siécles sauvages que je crois avoir été l'ancienne baze & la première source de son culte religieux, sans être plus déraisonnable, a du moins plus de vraisemblance. P.261.

　Ｉ：野生人の原初的崇拝、ないしパンセ・ソヴァージュ、ボン・ソヴァージュが〝理性的とはいえぬが、しかし真実らしさは保持している〟のであれば、理性的・合理的人間、文明人しか懐くことのない〝奇跡現象〟とか〝超自然現象〟は、野生人には無縁のものであったことになる。なぜなら、奇跡を認知するためには、かかる現象を例外と考える理性が確立していなければならないからである。また超自然を捉えるためには、まず以て何が自然現象であるかという基準＝科学（広義のそれ）が確立していなければならないからである。野生人は、いかに驚きの現象が起きても、それをけっして実生活から切り離さなかった。すべてが彼らのフェティシズムにおいて説明可能であったのである。奇跡、不可思議、超自然は、文明とともに始まったのである。なお、ド＝ブロスの原文がどうであれ、マルクスがピストリウスの訳語 wilden を ersten（最初期の）としたのほ、文脈上きわめて適切である。その点、sauvage を用いたド＝ブロスには慎重な配慮が欠けていたともいえる。なぜなら、ド＝ブロスが sauvage なる語で表現する民族の中には原始人・古代人のほか現代人（彼の同時代人）も含まれるのだが、この文脈は明らかに古代人に係わっているからである。この付言は、マルクスのフェティシズム論を解明するのに不可欠のものである。

53　ほかの仮説《動物の有用性》197 頁

　Ｐ：同様にまた、動物の崇拝においてはただ、動物が人間にあてがってくれる多様な利益、および動物によってぬきん出ているような好ましい特性を念頭においたにすぎないと、そのように主張したがる人びとの見解を適用したなら、当惑してしまう。雄牛は田を耕し、雌牛は雄牛を産み、羊は羊毛とミルクを提供する。犬は番人や猟犬としてつかえる。S.197.

　Ｂ：Le même embarras sur l'application se retrouve dans le sentiment de ceux qui veulent qu'on n'ait eu en vûe en honorant les animaux que les diverses utilités qu'en tiroient les hommes, ou que les bonnes qualités par lesquelles ils se distinguoient. Le boeuf laboure la terre：la vache engendre le bœuf：la brebis fournit la laine & le lait：le chien est bon pour la garde, pour la chasse; p.261.

54 ほかの哲学者たちは《「ここではたんに自然主義しか」見いださない》、しかし《下層民の信仰は「けっして寓意的ではない」。》〔200-〕201頁

　P：この見解はそのほか若干の哲学者たちの見解と関連しており、彼らは、ここではたんに自然主義しか見いださないし、このまったく奇異なる神学を、万物の生産者たる自然に示された雑り気なく純なる尊敬と見做している。この主張ほどわざとらしいものはほかにありえない。下層民はこうした狡猾、作為の一切を解そうとしない。彼らは自分で見たもの以外、何も知るところではない。彼らの信仰は、けっして寓意的ではない。S.200-201.

　B：L'opinion ci-dessus a du rapport a celle de quelques autres Philosophés qui ne trouvent ici que le naturalism, & qui regardent toute cette Thédologie bizarre comme un pur homage rendu à la nature même productrice de tous les êtres. Rien de plus forcé que ce qu'ils dissent. Le peuple n'entend rien à tous ces rafinemens : il ne sgait que ce qu'il voit : sa Religion n'est jamais allégorique : p.266-267.

55 《この説明には何の原因も記述されていない、「なぜあらゆる地方で動物がその地に特別な神と見做されているのか」〈についての原因が〉》201頁

　P：だがその上、この〈自然主義による〉説明は、殆どすべてのそれ以前の〈諸見解〉とともにひとつの誤謬を共有していて、それらを反駁するのには、ただその誤謬だけで十分であろう。またこれは、なぜあらゆる地方で動物がその地に特別な神と見做されているのかについて、原因を提示する説明となってはいない。S. 201.

　B：Mais de plus cette explication a un défaut qui lui est commun avec quase toutes les pré-cédente, & qui suffiroit pour les faire tomber : c'est qu'aucune ne rend raison de ce qu'il y avoit un animal affecté & chaque contrée pour sa Divinité. P.267.

56 《「人が或る存在物を、軍旗として担うというただそれだけの理由で崇拝〈の対象と〉するのはひどく異常であろう」、「或る物を崇拝するが故にそれを軍旗として用いるというのであれば、しごくもっともなことである。カトリック教徒のもとで聖者の像は、旗めく行列の中を運ばれ

るから崇拝されるのではなく、逆に崇拝〈の対象と〉されるからこそ、運ばれるのである。》204頁

P：要するに、この見解は物事をあべこべにし、たんに結果でしかないものを原因と見做す、という誤謬を犯している。人が或る存在物を、軍旗として担うというただそれだけの理由で崇拝〈の対象と〉するのは、ひどく異常であろう。それと同様に、或る物を崇拝するが故にそれを軍旗として用いるというのであれば、しごくもっともなことである。カトリック教徒のもとで聖者の像は、旗めく行列の中を運ばれるから崇拝されるのではなく、逆に崇拝〈の対象と〉されるからこそ、運ばれるのである。S.204.

B：Enfin cette opinion a le dèfaut de renverser les objets en pregnant pour la cause ce qui n'est que l'effet. Autant qu'il seroit extraordinaire d'adorer un être parce qu'on le porte pou enseigne, autant il est naturel de le porter pour enseigne parce qu'on l'adore. Ce n'est pas àcause que portons processionellement l'mage d'un Saint dans nos banniéres que nous l'ho-norons; mais c'est parce que nous le révérons que nous le portons ainsi. P.271.

I：この箇所を摘要するとは、若いマルクスのド゠ブロス理解度は申し分ない。

57 《不可解な寓意主義》200頁

P：〈この摘要に直接関連する文章は第200頁には見当たらない。おそらく摘要54の補足のつもりで再摘要したのであろう。だが間接的には、同頁に読まれる次のプルタルコス批評と関連している。〉私はプルタルコスの〈ド゠ブロスが前以て言及した〉この箇所をよろこんで引用する。というのも、その目指すところが極めて賞讃に価し、その箇所は彼の著作全体の中で最もすぐれているからである。だがそれでもなおこれは、一民族の崇拝が直接的なそれであって間接的なそれでないことをその祭儀で示すような、そうした民族によるのでなく、〈プルタルコスというたんなる〉一哲学者の推理であり、〈したがって〉それは、畢竟、根拠の確実なものとは見做せず、証明すべきこと以上を証明するという誤謬を犯している。S.200.

B：Je raporte avec plaisir ce passage de Plutarque, qui est très louable par l'intention, & le meilleur endroit de tout son livre. Mais, outre que ce n'est ici que le raisonnement rédflèchi d'un Philosophe, & non celui de la

Nation dont les pratiques montrent qu'elle avoit un culte direct & non rélatif, ce raisonnment est au fond peu solide, & a le défaut des argumens qui prouvent beaucoup plus qu'il ne faudroit. P.265-266.

58 《「雄牛を見たら雄牛と見做すエジプト人の粗野な純朴性は、いたる処にモナドとトリアドばかりを見いだし、1頭の山羊のまたぐらで自然の全景を探さんとしている、或るプラトン主義者の高貴な無駄話と比べたなら、殆ど その半分も耳ざわりでない」。等々》212頁

P：〈この摘要は、文末の〝等々〟を除いて、ピストリウス訳本からの逐語引用である。またこの一文は、ド＝ブロス、ピストリウス双方の原文において、引用符に入っているが、その典拠は示されていない。〉

B：〝On éioit encore moins blessé de la grossière simplicité de l'Egyptien qui prend un bœ'uf pour un bœuf, que du sublime galimatias d'un Platonicien, qui voit partout des Monades & des Triades; qui cherche le tableau de la nature universelle dans les pieds d'un bouc; p.282.

〔訳者解説〕マルクス『フェティシズム・ノート』理解のために

マルクス経済学に七不思議というものがあるとするなら、是が非でもその一つに数え入れてほしいものとして、マルクス・フェティシズム論の出自がある。『剰余価値学説史』と『資本論』とで全面展開されたこの理論について、マルクスはその文献的注釈を一切付けていない。今村仁司は、「フェティシズム論からイデオロギー論へ」（前掲書）のなかで、その点を奇妙に思うと表明しているが、私も同感である。それから、大月書店版『マルクス・エンゲルス全集』別巻3〈人名索引〉を一瞥してわかることだが、マルクスとエンゲルスは、生涯に一度たりとも公的にド＝ブロスの名を印刷したためしがない。書簡でもこの人物名を記していない。その人名索引に、ド＝ブロスの名は全然記されていないのである。

右の二つのことがらが暗黙の前提になっているものだから、マルクスのフェティシズム論といえば、すぐさま商品フェティシズム、貨幣フェティシズム等々、いわゆる経済的フェティシズム―私のいうネガティヴ・フェティシズム―のことであるとされ、今回紹介した資料から推定される、若いマルクスのポジティヴ・フェティシズム観というものは、殆ど問題にされなかった。いや、その存在すら意識されなかったのである。人によっては、後者

は、前者のように体系立った学説にまで発展する理論的萌芽でなく、たんにド゠ブロス著作から受け取った読後感のごときものに映るかもしれない。或いは、重要な成果は後年の経済学的フェティシズムにこそあれ、若いマルクスのポジティヴ・フェティシズム観は、ただそのための素材・契機、もっと低く見積もれば、その触媒となったにすぎないと考える人びともいるであろう。さらに人によっては、ポジティヴ・フェティシズムは先史社会や野生社会の現象を説明する理論で、それに対し経済学的フェティシズムは資本主義へと至る商品世界を説明する理論であって、その重要性とか現代的意義とかは、まったく次元の異なったものだと考えるであろう。

　本資料を読み終えた段階で、我々の眼前には以上のような諸見解・感想が提起されそうであるが、私は、むしろ、ポジティヴ・フェティシズム（交互）を第一原理とし、ネガティヴ・フェティシズム（転倒）をそれからの派生としたい。この主張は、文明から先史あるいは野生を説明するのは間違いで、先史あるいは野生から文明を説明するのが正しい、との発想に幾分支えられている。したがって前者を欠いたり、これと切り離したりしたのでは、後者は理解しえないと考える。但し、いまはそのことの証明をする余裕を持たない。論証は今後10年の研究課題である（その一部を本書で果たした）。さしあたっては摘要30、38、39等に付けた訳者注解の再読を願うのみである。

　では、今回マルクスの『フェティシズム・ノート』を読んでみたことの成果として、ここに何を記すことができるか。それは、マルクスがフェティシズという術語について第一に学び知った内容は先史社会の、ないし野生社会のフェティシズムに関する知識とその精神であったこと、したがって、『資本論』で定義されたような商品フェティシズムへと——結果的にはどうであれ——必然的に向かうがごときものではなかったこと、以上である。

　ところでこの『フェティシズム・ノート』は、いままで外国でどのような取扱いを受けてきたであろうか。布村一夫『マルクスと共同体』（長崎出版、1983）を参考にして述べると、以下のようである。まず1927年ベルリン刊の旧『メガ』第4巻の中で、リャザノフが写真コピーによって『ノート』を紹介したが、それをもってこの文献に関する本格的な研究が始まったとは考えられない。なぜなら、この時には『ノート』そのものは印刷されなかったからである。それから44年後の1971年、『ノート』それ自体がソ連でロシア語に訳され、『無神論、宗教および教会について』（同年刊）中に発表された。それから5年後、1976年刊の新『メガ』第4部第1巻で初めて『ノー

ト』がドイツ語で発表されたのであった。私はその新『メガ』を、1987年11月、立正大学の岩淵慶一から拝借し、1988年の1〜2月に邦訳したのである。

　次に、わが邦におけるこの『ノート』への取り組み方を—管見に触れる限りで—振り返ってみると、次のようである。まず以てこの文献（メモ帳段階のもの）に注目した人物は、向坂逸郎のようである。向坂は1961年秋から冬にかけてソ連へ旅行し、モスクワのマルクス・レーニン研究所でド＝ブロス著作のピストリウス独訳版を見つける。ドイツ本国で探し出せなかった文献だと述べているから、よほど感激したのだろう。そして「この研究所の読書室で、論文（つまり「『ライン新聞』におけるマルクスの思想」）を完結することができた」。（前掲書あとがき）その際向坂は、上に述べたリャザノフの仕事に気づいたらしい。「リャザノフによれば」という条件付きで『ノート』—向坂の表記では『抜萃帳』—に言及しているからである。だとすれば、この時モスクワで向坂は、『ノート』それ自体を読まなかったことになる。次いでマルクスのド＝ブロス読書に触れた人物は古野清人である。古野はまず1952年2月、九州大学哲学研究会々誌『哲学年報』第13輯に論考「シャルル・ド・ブロスと実証的精神」を発表する。この論文はド＝ブロス仏語原典を用いたもので、学術的価値の高い労作である。その中で古野は、ド＝ブロス著作のピストリウス独訳本が1785年に出版されていることを注記する。想像するに、その注記を、当時同じ九州大学に勤めていた向坂が読んで、或いは古野にじかに教示を得て、ドイツ各地を探し回ったのであろう。それから10年して、向坂の論考が出来、こんどはそれを古野が読んで、『ノート』の存在を確認ないし再確認したのであろう。こうしてけっきょく、古野は、1980年刊の『宗教人類学五十年』（耕土社、没後一周忌記念出版）の中で、こう語ることとなる。「フェティシズムについては、ド＝ブロスの『呪物神の崇拝』のドイツ語訳をマルクスは読んでいたんですよ。ド＝ブロスとは違うフェティシズムの一つの解釈ではある」。そうしてみると、古野もまた、『ノート』それ自体は読んでいない。

　だがわが邦で、少なくとも1976年の新『メガ』刊行とは直接関係なく『ノート』を読んだ人物がいる。それは布村一夫である。布村はまずロシア語でド＝ブロス著作（仏語からの1973年モスクワ版）およびモスクワ版『ノート』を読む。次いで、これとは別に、井上五郎が1970年前後数箇年のドイツ留学中に得たピストリウス独訳本（マールブルク大学図書館蔵書）のコ

ピーを井上から贈られ、この独訳版と露訳版とをつきあわせた。また、その間に刊行された新『メガ』の独語版『ノート』と露訳版『ノート』をもつきあわせた。いっぽう井上は井上で独自に、新『メガ』そのほかで『ノート』の詳細を確認し、それをもとに廣松渉の労作『マルクスの思想圏』(朝日出版社、1980)への補註で、堅実この上なき紹介文を発表した。もちろん廣松もこの作業に共同で携わった。このようにして、布村と井上、それに廣松の努力においてようやくわが邦でも、『ノート』そのものの研究が開始したのである。

　古野のド゠ブロス宗教人類学、向坂のマルクス経済学、布村のモーガン民族学に学問の道のすばらしさを教わることで、私は、マルクス『フェティシズム・ノート』を日本語版で読もうとの意識を強めたのであった。訳文は拙劣なれど、足場は築かれた。

〔初出：月刊『社会思想史の窓』第 46 〜 50 号、1988 年 3-7 月。なお、本書に再録するにあたり、幾つかの誤訳・劣訳を改め、解説にも若干の加筆修正を施した。〕

第Ⅱ部　古代史・人類学研究の遺産

第1章　マルクスのフェティシズム論

1　若いマルクスのド＝ブロス読書―聖なる人間の発見

　マルクスはどのようにしてフェティシズムを知るようになったのだろうか。本書の「はしがき」では、ド＝ブロス著作のドイツ語訳を通じてであるとしておいた。では、ド＝ブロス読書は意識的だったのか、それとも何かフェティシズムとは別のテーマを追いかけているうちに、偶然ド＝ブロス著作に触れたのだろうか。ピストリウスによるド＝ブロスの独訳本が存在したことは、例えば1833年ライピツィヒ刊の或る哲学辞典などによって、すでにドイツ哲学界では知られていた。また、ヘーゲルの著作や講義録にはFetischglaubenとしか記されていなかったものの[(1)]、フェティシズムというド＝ブロスの造語が何らかの偶然の機会にマルクスの目に止まった可能性は十分考えられる。だが直接の証拠がないので、この件について確かなことは何も言えない。ここで語ることのできる範囲は、1839年から1842年前後までのマルクスの問題関心の推移と、それに即した一連の読書ノート作成に限定される。

　1835年ボン大学法学部に入学したマルクスは[(2)]、翌36年にはベルリン大学法学部に移り、そこでヘーゲル哲学の研究に専念する。そして1839年にはギリシア哲学に取り組み、学位論文『デモクリトスの自然哲学とエピクロスのそれとの差異（*Differenz der Demokritischen und Epikureischen Naturphilosophie*）』を執筆する。その際マルクスは、数冊からなる読書ノート（準備ノート）を執った。このノートに関しては、廣松渉著・井上五郎補註『マルクスの思想圏』（朝日出版社、1980）の第6章「マルクスの学位取得前後」に、新メガの考証を参考にした、実に詳しい解説・解釈が記されている[(3)]。それによると、7冊からなる準備ノートの内容はヘレニズム哲学の3派（ストア派・エピクロス派・懐疑派）の研究に資するものを中心としている。また学位論文執筆時期が1840年後半から翌41年3月半ばとみられるのに対しノート作成時期は1839年2月頃から翌40年2月頃とみられている。したがって、学位論文執筆を準備し、それを起草した時期のマルクスには、特に原始信仰への関心はみられないと考えてよい[(4)]。ただし、新メガを参考

にした廣松・井上両人によると、マルクスが学位論文をイエーナ大学に提出した1841年4月の直前にあたる同年1月から3月にかけて、彼はライプニッツとヒュームからの抜粋（1月-3月）、スピノザとローゼンクランツからの抜粋（3月-4月）を行なっている。いずれも評註なしの、たんなる抜粋だが、「スピノザ・ノート」については、マルクスの原始信仰への関心の度合を探るのに、けっして無視し得ないものである。このノートは (1) Spinoza's Theoiogisch-politischer Tractat von Karl Heinrich Marx. Berlin, 1841. (2) Spinoza's Briefe. Berlin, 1841. の二つの標題のもとに執られている。(1) はスピノザの『神学・政治論（*Tractatus theologico-politicus*, 1670)』からの抜粋であって、これを研究した鷲田小彌太氏によれば、このノートは「ヒューム・ライプニッツ・ノートよりさらに系統だった、はっきりした問題意識を前提に」執られたもので、「あたかも、41-43年時のマルクスの法哲学上の問題意識や認識方法および思想闘争のスタイルなどを獲得するための前提条件として設定されたかの観がある」となる。それほどに力のこもったこの抜粋ノートは、マルクスが『神学・政治論』の第6章「奇跡について」から抜書を始めたことを証示し、当該の章には次のような文章が読まれる。

　「原初のユダヤ人たちは目に見える神がみ――太陽、月、大地、水、空気等――を尊崇していた当時の異教徒たちを説得するために、そしてこれらの神がみが微力な、不安定な、或いは可変的なものであり、目に見えぬ神の支配下にあるのであることを異教徒たちに教示するために、自分たちの見た諸奇跡を語り、その上これを根拠に、全自然はユダヤ人たちが尊崇している神の支配に依ってユダヤ人たちのみの利益になるように導かれていることを示そうと力めたのである。（中略）何という僭越を民衆の無知は敢えてすることであろう」。「だから聖書における諸奇跡を解釈し、奇跡が実際にどう起こったかをその物語から理解するためには、その奇跡を語った最初の人びとまたはそれを我々に書き残した最初の人びとの平素の見解を知り、そしてその見解を彼らが持ち得た感覚的知覚と区別せねばならない。さもなくば我々は彼らの見解や判断を、実際に起こったままの奇跡と混同することになるであろうからである」。

　この箇所は、マルクスが特に抜粋したというわけではないのだが、鷲田が

正しく述べているように、スピノザの当該著作がマルクスに与えた一定程度のインパクトを考えると、ここで引用・紹介しておきたい気持にかられる部分である。当時、聖書解釈をめぐる重要な文献としては、かのシュトラウス著『イエスの生涯（*Das Leben Jesus*, 1835）』があって、マルクスほかヘーゲル左派の思想家たちの間で一時大反響を呼んだ。その印象もマルクスの脳裡には鮮明であったろうから、彼は旧約の時代になんらかの興味を抱いていたはずである。そうした気分の中で読みすすめたであろうスピノザ著作の第2章に、次のような、或る重大な一節が記されている。

> 「今や我々は遅疑することなく主張し得る、預言者たちは神の啓示を表象力の助けを借りてのみ把握したのだ、換言すれば、言葉或いは像——それらが真実なものであると単に表象的なものであるとか問わず——の媒介に依ってのみ把握したのだ、と。事実、我々は聖書の中にこれ以外の手段は見いださないのであるから、先にも説いたように、これ以外の他の手段を虚構することは我々に許されないのである」。

文脈から察するに、スピノザは、神と人間の接触には表象力が不可欠であるとしているが、その場合、表象力には言葉のほか像も想定されていて、しかもそれには「真実なもの」と「単に表象的なもの」との2種が存在すると想定されている。なんと、この区分の仕方は、スピノザから百年後にド゠ブロスが行なったフェティシズムとイドラトリの区分と符合するではないか！とはいえ、スピノザ読書を以ってマルクスがそうした方向で原初的信仰への関心を増幅させたとは言い難い。またその証拠もない。

イエーナ大学へ学位論文を提出したあと、1841年中にマルクスは、フォイエルバッハの『キリスト教の本質』（同年6月刊）に接したらしい。だがこの時には深く内容を吟味しなかった模様である。大月書店刊『マルクス・エンゲルス全集』第1巻の年譜をみると、マルクスは1841年7月に『本質』を研究したとされているが、ほかの幾つかの文献では、この時マルクスはこの著書からさしたる印象を受けず、1842年中か、或いはその第2版が刊行された1843年（序文日付4月1日）に初めて同書から強い影響を受けたとされる。フォイエルバッハ・マルクス関係についてかように諸説いりみだれるなか、私は、1842年2月にマルクスが『キリスト教の本質』の著者から「ショック」を受けたと推測する廣松・井上両名の考証を支持する。そ

の理由は、もちろんこの2人の研究者の堅実な論証を信頼するためでもあるが、私なりの根拠・解釈もあるからである。その解釈というのは、1842年3月20日付ルーゲあてマルクス書簡にみられるフォイエルバッハ言及である。「論文(次の段落で説明するマルクスの『キリスト教芸術論』)そのものにおいて私は、どうしても宗教の一般的本質について論ぜざるをえないでしょうが、その点私は或る程度フォイエルバッハと食い違っています。もっとも原理に関してではなく、その表現方法に関しての食い違いですが。いずれにしても、宗教はそこでなにもとくをしません」。この一文のなかに私は、フォイエルバッハの反ヘーゲル的な偶像崇拝論すなわち宗教論を捉えきったマルクスを見いだすのである。詳しい解釈はもう少しあとの方で行なうこととする。それよりも、この書簡には、我々の関心にとって最大重要な記述がもう一つ綴られているので、そちらをまずは紹介する。

いま引用した3月20日付のルーゲあてマルクス書簡に、我々にしてみれば突如、動物宗教についての記述が登場する。「奇妙なことに、人間の動物化を信ずることが統治信条となり、統治原理となったのです。ところが、おそらく動物宗教こそ宗教のもっとも首尾一貫した存在なのでしょうから、そのことは宗教性と矛盾しません (Doch das widerspricht der Religiosität nicht, denn die Thierreligion ist wohl die Consequenteste Existenz der Religion)。おそらく遠からぬうちに、宗教的人間学ではなくて、宗教的動物学を話題にすることが必要になるでしょう」。スピノザ読書から1年後、マルクスはついに、原始信仰に関心を抱いている証拠を自ら他者に示すことになった。だが、この時の動物宗教への言及は、特にスピノザ読書に起因するわけでなく、直接には、上に引用して紹介したフォイエルバッハ読書、および1842年春にマルクスが行なった宗教関連文献の読書とその抜粋作業に起因する。その二つの契機中、後者の読書が行なわれるに至ったいきさつおよび抜粋の中味は、廣松・井上前掲書に詳しく考証されているが、それによると、マルクスはこの当時バウアーとの協力関係の中で『キリスト教芸術論 (Abhandlung über christliche Kunst)』と題する著作を書いており、或いは書くつもりでおり、その準備作業として一連の読書とその抜粋を行なった。読書と抜粋の時期と場所は、1842年4月初めから5月末までボンにて、と仮定するのが正しいと、新メガ編者は述べている。その点からすると、マルクスの3月20日付ルーゲあて書簡は宗教関連文献読書の前に書かれたことになる。しかし、上記『キリスト教芸術論』のことは、このルーゲあて書簡

にすでに記されており、またそれ以前の、マルクスの3月5日付ルーゲあて書簡にも、さらにそれ以前の2月10日付ルーゲあて書簡にも記されているから、宗教関連文献の読書は、明らかに1842年4月以前に開始しているのである。よって、3月20日付ルーゲあて書簡になぜ「動物崇拝」が記されたかの根拠は、やはり、2月のフォイエルバッハ・ショックとその前後から開始された宗教関連文献読書にあると結論づけられるのである。

　そのうちフォイエルバッハ著作の内容はすでに言及してあるので、以下においてはそれ以外の宗教関連文献を調べることにする。といっても、実は、1842年2月～3月にマルクスが読んだとはっきり確定できる文献資料はない。その点では我々としてもけっきょく、新メガに収録された例の1842年4月～5月作成の読書ノート以外に頼れるものはないのである。新メガ編者が『ボン・ノート（$Bonner\ Hefte$）』と呼ぶこのノートは、計7冊から成っている。第1冊目はカール＝フリードリヒ＝フォン＝ルモール（Carl Friedrich von Rumohr）の『イタリア研究（$Italienische\ Forschungen$, Th. 1-3, Berlin 1827-1831）』からの抜粋、そして第2冊目はヨーハン＝ヤーコプ＝グルント（Johann Jacob Grund）の『ギリシアの絵画、または絵画の成立・進展・完成そして没落（$Die\ Malerey\ der\ Griechen\ oder\ Entstehung\ Fortschritt,\ Vollendung\ und\ Verfall\ der\ Malerey.\ Ein\ Versuch$, Th. 1. 2. Dresden 1810-1811）』からの抜粋、そして第3冊目がド＝ブロス著作のピストリウス独訳版の抜粋およびカール＝アウグスト＝ベッティガー（Carl August Bottiger）の『芸術・神話学の諸理念（$Ideen\ zur\ Kunst$-$Mythologie$, Bd. 1, Erster Cursus. Stammbaum der Religionen des Alterthums. Einleitung zur vor-homerischen Mythologie der Griechen. Dresden, Leipzig 1826）』からの抜粋である。さらに第4冊目にはクリストーフ＝マイナース（Christoph Meiners）の『諸宗教の一般的批判的歴史（$Allgemeine\ Kritische\ Geschichte\ der\ Religionen$, 2Bde., Hannover, 1806-07）』からの抜粋が、第5・第6冊目にはバンジャマン＝コンスタン（Benjamin Constant de Rebecque）の『宗教について（$De\ la\ religion\ considérée\ dans\ sa\ source,\ ses\ formes\ et\ ses\ développements$, Paris, 1825-31）』からの抜粋が、そして最後の第7冊目にはシャン＝ド＝バルベイラック（Jean Barbeyrac）の著作『教会教父の道徳概論（$Traite\ de\ la\ Morale\ des\ Péres\ de\ l'Eglise$, Amsterdam 1728）』からの抜粋が収められている。以上7冊の抜粋帳は、どれにもみなマルクスの直筆で「ボン1842年」というように、摘要場所と摘要年が記されているから、すべて1842年の4月～5月に作成されたのでは

あろう。しかし、常識的に考えて、これだけの著作群を、すべて1842年の2箇月弱に初めて読んで、しかも同時に要点メモを執ったと考えるのは不自然である。そのうちの幾冊かはすでに4月以前に手に入れ、概略なりともなめ読みをし、或いはメモを執るに価するかどうかを判定していたと推測して、けっしておかしくない。いずれにせよ、4月以前に『キリスト教芸術論』なる論文を執筆したか、或いはその準備をしていたマルクスは、この時点でフェティシズムという術語とその概念を知るのである。

　上記7点の著作中、複数の箇所でフェティシズムに言及しているものとしては、ド＝ブロスのもののほかベッティガーのものとマイナースのもの、それにコンスタンのものとがある。マルクスの抜粋ノートをみると―ド＝ブロスからのものは本書第Ⅰ部に全文を収録してあるので省くとして―、ベッティガー著作からは、例えば次のような語句やフレーズを筆写している。「『サペイズムとフェティシズム』―天上の、そして地上の崇拝」（9頁）、「『ペルシアの拝火教とマギスムスとは、ペルシア諸王の戦列にあって、火器とか剣とかでもって相対するフェティシュ崇拝と偶像崇拝に立ち向かう』（25頁）。そこで『カンビュセスはエジプトの崇拝に敵対し』、クセルクセスは『バビロンのベル神殿から偶像』を持ち出し、『ギリシア遠征ではギリシアの神殿という神殿をことごとく破壊し、神像を破壊したり持ち出したりした』（25-26頁）」。また、マイナース著作からは、例えば次のような語句やフレーズを筆写している。「『南アジアの住民や南洋諸島の住民はくだらない物とか常軌を逸した物を現実に生きている神がみとして崇拝している』。324頁」、「5『世紀の中頃』『教皇レオはカピトールのユピテル彫像を聖ペトロの立像に鋳直させた』。432頁」、「ボニファティウス4世は、610年に、ローマのパンテオンをあらゆる聖者の教会に変え、ことごとくの聖者と殉教者の像ないし絵画でいっぱいにした』。434頁」（以上は第1巻から）。「『オリノコ河畔の先住民のもとでは結婚前の40日間、新婦たちがきわめて厳格な断食を行なわねばならない。そのため彼女たちの身体は、ほぼ完全に肉を削げ落とされる』。彼女らに『この厳格な断食が課されるのは、どの女たちにも付着していると考えられる致命的な毒素を清めるためである』。108頁～」（第2巻から）。コンスタンからの抜書にもフランス語で「フェティシュ」、「フェティシズム」が数箇所に読まれる。(19)マイナースからの抜粋にはフェティシズムという語が見当らないが、この著作はたしかにフェティシズムに言及している。だが、いずれにせよ、このマイナースにせよ上述のベッティガーや

コンスタンにせよ、フェティシズムの出処としては最終的にド＝ブロスに依拠しているわけであるから、1842年春におけるマルクスのフェティシズム学習の要はド＝ブロス著作ということになる。そこで次に、本書の第Ⅰ部を参照しながら、マルクスによるそのド＝ブロス読書ノート―私はこれを布村一夫翁にならって『フェティシズム・ノート』と呼んでいる―およびそれに関連することがらを検討することにしたい。

マルクスが書き遺したいわゆる『フェティシズム・ノート』は、全部で58箇所の抜粋から成っている。付録として添えた私の訳文には、それに沿って58番まで通し番号を付けてあるが、この抜書はド＝ブロス著作の全体に亘っている。したがって、この点から推測される限りで、マルクスはド＝ブロス著作の全体に目を通したということになる。そして、この読書の成果を、マルクスはあの『キリスト教芸術論』でよりも、まずは1842年1月にケルンで創刊された『ライン新聞』への寄稿文中で、計4回披露する。第1回は1842年5月10日付、第2回は同年7月10日付、第3回は同年10月25日付、そして第4回は同年11月3日付『ライン新聞』においてである。以下に必要箇所をまとめて引用する。

引用A：『ライン新聞』第130号（1842年5月10日付）から…「この演説者は、州議会議員の州民を知るだけで、州民の州議会議員を知らない。州議会議員は、彼らの活動の特権がおよぶ範囲としての州会をもっているが、州民は、彼ら自身の活動を媒介すべき州議会議員をもってはいない。なるほど州民は、指定された条件のもとで、自分たちのためにこれらの神がみをつくりだす権利をもっているが、いったんそれをつくりだしたなら、フェティシュ崇拝者のように（wie der Fetischdiener）、それが自分たちの手でつくった神がみ（Götter ihres Händwerkes）であることを忘れなければならないのである。

そうだとすれば、ついでながら、州議会をもたない君主制の方が、州議会をもっている君主制よりも、どうしてましでないのか、わからない。なぜなら、もし州議会が州民の意志の代表機関でないとすれば、我々は、土地所有者たちの私的知性よりも、政府の公的知性の方により多くの信頼をおくからである。

ここに我々がみているのは、州民が彼らの代表たちを媒介としてたたかうよりも、むしろその代表者だちとたたかわねばならないという、おそらく州議会の本質に根源をもつ、奇妙な光景である」[20]。

引用B：『ライン新聞』第191号（1842年7月10日付）から…（マルクスの論説を批判する『ケルン新聞』編集人ヘルメスの）「社説は、フェティシズムを宗教の『もっとも粗野な（roheste）形態』と呼んでいる。だから、『動物宗教（Tierreligion）』の方がフェティシズムよりも高い宗教形態であるということを、論説は承認しているわけであるが、このことは、この論説の同意をまたずとも、だれでも『学問的研究』にたずさわる人間にははっきりしていることである。ところで、動物宗教は、人間を動物よりも低い地位に引き下げはしないだろうか、動物を人間の神とならせはしないだろうか？

まして『フェティシズム』となればなおさらである！これはまさに三文雑誌仕込みの博学ぶりだ！フェティシズムは、人間を高めて欲望を超越させるどころか、むしろそれ自体『官能的欲望の宗教（Religion der sinnliches Begierende）』であるくらいである。フェティシュ崇拝者は、欲望の幻想にあざむかれて、『生命のない物』が人間の欲情をかなえるためにその自然な性格を捨て去るかのように思い込む。したがって、フェティシュが、フェティシュ崇拝者の粗野な欲望を最も忠実にかなえることをやめるときには、崇拝者はそのフェティシュを破壊してしまうのである」。[21]

引用C：『ライン新聞』第298号（1842年10月25日付）から…「木の偶像が勝利をおさめ、人間は敗れていけにえとなるのだ！（die hölzernen Götzen siegen, und die Menschenopfer fallen !）」「（…）いわゆる特権者の慣習は法にそむく慣習を意味している。この特権者の慣習が生まれたのはいつかといえば、それは人類の歴史が自然史の一部をなし、そして、エジプトの伝説に明らかなように、すべての神がみが自分の身をかくして動物のすがたをまとっていた時代のことである。人類は一定の動物種属にばらばらに分かれて現われた。そしてこれら動物種相互の関係は平等ではなく不平等であり、この不平等は法律によって固定されたものであった。世界の状態が不自由に陥ると、不自由の法が必要となる。というのは、人間の法は自由の定在であるのに対し、動物の法は不自由の定在だからである。ごくひろい意味での封建制度は、精神的な動物の国であり、区分された人類の世界である。この世界は、みずから区別する人類の世界に対立するものであって、後者においてはたとえ不平等があるかにみえても、実はそれは平等がおりなす色模様にほかならない。未発達な封建制度の国やカースト制度の国では、人間は文字どおりカーストに分割されており、偉大なる聖なるもの、すなわち聖なる人間の（des großen Heiligen, des heiligen Humanus）高貴な、自由に相互に交流し合

う構成分子が、切りさかれ、たたき切られ、強制的に引き裂かれているところであるから、これらの国ではまた動物崇拝（Anbetung des Tieres）、すなわち本来的な姿での動物宗教（Tierreligion）が存在する」。[22]

引用D：『ライン新聞』第307号（1842年11月3日付）から…「キューバの野生人（*Wilden*）は、黄金をスペイン人のフェティシュだとみなした。彼らはそれのために祝祭を催し、その周りで歌い、しかるのちそれを海中に投じた。キューバの野生人がライン州身分議会に出席するとしたら、彼らは木材をライン州人のフェティシュと考えるのではなかろうか。キューバの野生人は、しかし、次の会議ではフェティシズムと動物崇拝（Tierdienst）を結びつけることを教えられ、そして人間を救うために兎を海に投げこんだであろう」。[23]

　引用Aでマルクスは、ラインラントの州民が自らの意志で州議会議員という神がみをつくりだしても、その神がみは州民の思うように振舞ってはくれない、それよりもまず自らつくった神がみに跪拝するよう義務づけられるということを、「フェティシュ崇拝者のように」という比喩で語っている。この比喩は、ド＝ブロス的フェティシズムの特徴である〈交互〉の一方の極である神の崇拝、その限りでの神への服従を使ったものである。フエダのフェティシュ蛇信仰を想起すればよい。マルクスは、この記事を起草するのにド＝ブロス著作の第1章を念頭においたのであろう。また、ヘロドトスが伝えているテーベの神クネフとそれに跪く民の物語（第2章）も印象にあったであろう。『フェティシズム・ノート』では摘要の第4番、5番、14番、43番あたりが、自らつくりだした神への服従を示唆していよう。

　次に引用Bであるが、前半で、動物崇拝の方がフェティシズムよりも高い宗教形態と称しているあたりは、マルクスがヘーゲルにではなくド＝ブロスに依拠している証拠となる。ヘーゲルは宗教哲学講義で動物崇拝（Tierdienst）からフェティシュ崇拝が出現したと論じ、またその講義ノートをもとにした『宗教哲学講義』の第2版（1840）をマルクスが書評する手はずになっていたことからみて、ことフェティシズムに関しては、マルクスはヘーゲルのことを「『学問的研究』にたずさわる人間」から除外しているかのようである。とはいえ、動物宗教における崇拝の対象である動物を、人間よりも高い地位にあるものと考えるマルクスなりの理解は、ド＝ブロスが注目したフェティシズムとしての動物崇拝とも大きく異なっている。ド＝ブロスにおいては、たとえ神であろうと動物は、その神たる資格を人間によって

与えられているため、同じく人間によって、時にはその資格を奪われ、殺されることもあるからである。このように、ド＝ブロスにとってフェティシュとは身近な存在、何よりもまず蛇のごとき動物と、石ころのごとき無生物なのだが、マルクスでは、動物はどうやら原初的信仰から派生したものの、いうなれば文明時代の、本来の宗教に入るのであって、本人はそう断わっていないけれども、イドラトリの対象なのである。

　引用Bの後半はあきらかに『フェティシズム・ノート』の摘要第31番を意識している。この部分は、ド＝ブロス的フェティシズムの特徴である〈交互〉の他方の極である神の攻撃、その限りでの神への支配をそのまま綴ったものである。またフェティシズムを「官能的欲望の宗教」と表現したのは、フエダのシャビ神殿における女祭司ベタとフェティシュ蛇すなわち男祭司ベティとの交わり、バビロンの神殿での女性と蛇神との交わり、いろいろな地方での獣と人間との交わりの物語を念頭においてのことであるように思える。しかし、この引用においてもわかるように、マルクスはフェティシュのことを、特に「無生物」に限定している。これに対し動物の方はイドラトリ的に扱っている。その点を考慮するなら、die sinnliche Begierde の解釈は「官能的欲望」でなく「感覚的欲求」とか「感性的情念」とかの方がよいのかもしれない。

　引用Cでは、まず前半部分に記された「木の偶像（die hölzernen Götzen）」に注目せねばならない。この語が含まれた一文は、ド＝ブロスのフェティシズム論からみれば、フェティシズムにでなくイドラトリに相応しい表現となっている。フェティシズムでは神と人間との交互、崇拝と攻撃との交互運動が特徴的だが、イドラトリでは神への人間の一方的な服従が特徴的だからである。しかし別の見方をするならば、この一文は交互運動における一方の極、崇拝＝服従の極だけを強調したものとも解せる。この一文でマルクスは、Götzen をはたして Fetisch と考えていたのか、それとも Idol と考えていたのか？ドイツ語の辞書によれば、Götze とは Abgott（偶像と訳す）・Falscher Gott（偽神と訳す）を意味する。しかし、例えばフォイエルバッハは Götzendienst に二重の意味—ポジティヴとネガティヴ—を含ませている。また、ド＝ブロス著作の独訳者ピストリウスは、ド＝ブロスが Fétiche のことを「或る種の世俗的、物質的対象」として、それへの崇拝を Fétichisme と名づけると定義しているにもかかわらず、その箇所で Fétiche のことを Götze で代用し、Fétichisme のことを Götzendienst と言い換えているので

ある。ピストリウスの訳文では、原則として Fétichisme は Fetischismus とされているので、訳者自身はフェティシズムとイドラトリとを混同していない。したがって、独訳文とはいえ精読すれば、両概念の混同は生じない。だが、ピストリウスによるたった一度の誤読が序文のフェティシズム定義の箇所にあったことは重大である。しかもマルクスはフランス語原典は知らず、ドイツ語訳版のみでド＝ブロスを読んだのであった。このように検証してくれば、事情が相当複雑だということがわかるのであるが、この検証に以下の事実を付け加えるならば、複雑さはその頂点に達する。すなわち、フェティシズム論の創始者、その定義者、造語者であるド＝ブロスその人が、ほんの2箇所ながら、自著の中で Fétichisme と綴るべきところを Idolatrie としているのである。「アジア、アフリカ、それにアメリカの野生諸民族はすべて偶像崇拝者である (Les Nations Sauvages d'Asie, d'Afrique & d'Amérique sont toutes idolatres. Die wilden Nation von Asien, Afrika und Amerika sind alle Götzendiener.)。この規則にいまのところ例外は発見されていない」(p.205, S.154)。「エジプトでは、道徳と工芸の面で完成の極に達したにもかかわらず、それぞれにかつて選んだ独自のフェティシュから分離した都市は一つもない。このきわめて粗野なイドラトリ (cette idolatrie si grossiére, diese so grobe Abgötterey) がついにその地で消滅し、その根跡が最終的にキリスト教とマホメット教とによってかき消されたというのは、たんにその老朽化のせいでしかない」(p.239, S.180)。フォイエルバッハにおける Götzendienst のポジ・ネガ両刀遣い、ピストリウス訳における Fétichisme 誤読、ド＝ブロスにおける例外的な Fétichisme・Idolatrie 取り違え、このすべてを1842年にマルクスは読書してしまうのである。その結果、マルクスはちょうどフォイエルバッハと正反対に、Fetischismus にポジ・ネガを読み込む方向に進み、そうすることによって、本来なら—すなわちド＝ブロスなら—絶対に許容し得ない方向へと、Fetischismus 概念を変えたのである。つまり、ド＝ブロスにおいては Fétichisme と Idolatrie とは対立概念であったのに対し—また因みにフォイエルバッハにおいては Götzelnst の中に Fetischismus 的概念が包み込まれたのに対し—、マルクスの場合は Fetischismus の中に Idolatrie 的概念が包み込まれたのであった。—このことは、のちに『経・哲手稿』でのフェティシズム言及に際して、はっきりと証示される。

だがマルクスにおいて、ド＝ブロス的フェティシズムは、まず第一にポジティヴな意味で、すなわち人間が神を創り、これを通じて人間の生に潤いを

もたらす精神運動という意味で受け入れられた。そのことの動かぬ証拠として、引用Cの後半が役立てられる。この箇所は『フェティシズム・ノート』の摘要第47番、第50番を下敷きにしている。フェティシズムが不合理な、幼稚な、愚かな、粗野な信仰であることはド＝ブロス自身が認めるところであって、マルクスもそのことでは同じ見解に立っている。その傾向は、例えば上述の引用Bなどによくにじみ出ている。だが、それと同時に、ド＝ブロスの説くフェティシズムは、人間が他の誰にも支配を蒙らない状態を表現してもいた。ヘレニズム（ストア派）の思想家セネカの言葉にみられる「野生の自由」を、マルクスはド＝ブロスから学んだのである。したがって、引用Cでいかにマルクスが先住民・野生人の「偉大」「聖」を称えたからといって、彼はけっして先史讃美者とかフェティシストとかでないこともわかる。彼はただ、先史時代に限ってはフェティシズムがすばらしい、肯定的な原理としてあった、それが文明時代に入ると、ノモスへの社会の分割とかカーストの発生とかによって崩れ去った、と言っているだけであって、なにも自分からすすんで先史のフェティシストになって1842年のライン州議会に対して反対陳述をする、ということではないのである。「みずから区別する人類」、これが偉大にして聖なる人間である。そして、この種の人間が存在しえた世界がフェティシズムの世界なのである。他方、「区分された人類」は動物宗教によって不自由とされた人間たちのことで、この種の人間が存在する世界は、引用文中には明示されていないが、明らかにイドラトリ（文明宗教）の世界なのである。ところでド＝ブロスは、ノモスごとに分割されたこの動物の国、不自由とされた人びとの世界を交互的運動の一方の極、すなわちフェティシズムの内部とみるよりも、服従の極に永久的に固定された状態として、すなわちイドラトリとしてフェティシズムに対立させていた。だがマルクスは、このイドラトリをフェティシズムの内部に組み込んだのである。そしてまた、交互という特徴をもつフェティシズムにとっては、ド＝ブロス的構えよりもマルクス的構えの方がより適切なのであった。

　引用Dは、まさに、そのフェティシズムと動物崇拝との結び付きがマルクスにおいてどのように理解されていたかの証拠となる文章である。これは『フェティシズム・ノート』の摘要第17番を下敷きにしている。この記事の最後のところには『マルクス・エンゲルス全集』編者の注解が付いている。「これは、第6回ライン州議会での狩猟規則違反取締法案の討論にあてつけたものである。この法案によって農民は、自分の保有地で兎をとる権利さえ

うばわれたのである〔25〕」。この注解をも参考にして考えてみると、マルクスは、木材や兎はライン州の人びとにとってはフェティシュだが、キューバのフェティシストにとっては害を及ぼすもの、争いの種だ、というふうに架空の物語をしつらえて現状批判をしたことになる。ところで、ここに出てくる「キューバの野生人」は、ド＝ブロスがエレラの著作『カスティリア領西インド史概説』から引いたものをさらにマルクスが孫引きしたものである。エレラの種本はラス＝カサス『インディアスの破壊についての簡潔な報告』である。ド＝ブロスが言うには、キューバの野生人に代表される原初的なフェティシュ崇拝者は、自分たちの神を大切に扱うだけでなく、黄金のごとき他国人の神をも粗末に扱うと祟りがあると考えたので、たとえ自分たちにとっていかに害ある他国の神でも、いったんこれを称え、その為に祝祭を催し、しかるのちにそのよそ者の神に遠くへ去ってもらおうという風習があった。その条りの一部をマルクスは、まず例の『フェティシズム・ノート』で第17番目に抜粋し、またそれをそっくり自分の記事に引用した、ド＝ブロスの名やその著作については一切触れずに。そうしてみると、マルクスが、この『ライン新聞』記事のなかで木材と兎とを共にフェティシュとして扱った理由は、何よりもまず、ド＝ブロス著作を模倣したからだということになる。ただし、マルクスには同時に、動物崇拝は人間を神以下に低めるがフェティシズムは人間を神と同等におき、また動物崇拝はフェティシズムの後にこれから派生するという、ド＝ブロスとは少々異なった発想がある。そのことは、引用Bについての説明で触れておいた。であるから、あえてこの11月3日付の記事中で、フェティシズムしか知らないキューバの野生人がライン州議会で動物崇拝をも教えられる、としたのであろう。そうであるとすれば、兎の方はもはやフェティシュでなくイドルかもしれない。いけにえとして海中に投ぜられるのだとしたら、兎は神ではないのである。神への供物なのである。それからまた、スペイン人がメソ・アメリカからヨーロッパへ運んだ黄金や銀塊は、その多くが貨幣に化けたわけだから、そしてまたライン州の木材も資本主義的商品に化けたわけだから、1842年段階とはいえマルクスの脳裡には、木材や兎をフェティシュ（崇拝と攻撃の対象）とみるよりもイドル（跪拝いってんばりの対象）とみた方が現状批判により適しているとの意識が生まれていたかもしれない。しかし、フェティシズムに対するこの読みが本当にマルクスのものと決めることができるのは、『経・哲手稿』に至ってはじめて可能なのであって、『ライン新聞』ではそのように断言して

はならないのである。
(26)

 『ライン新聞』記事からの引用とその解説はこれくらいにしておくが、もう1篇だけ、マルクスのド＝ブロス読書に関係する重要な資料、1842年11月30日付ルーゲあて書簡があるので、それをも引用する。

> （E・マイエンからの手紙の返事の中で）「共産主義や社会主義の教義を、つまり新しい世界観を付随的な劇評などの中にもぐりこませることは不適当であるばかりか、不道徳だと私は思うし、もし共産主義が論じられるなら、まったく別の、もっと根本的な論評が必要だと、私ははっきり言いました。さらに宗教の中で政治的状態を批判するより、政治的状態のなかで宗教を批判するよう、私は要望しました。というのは、このような言い方の方が新聞の本質や公衆の教養にかなっているし、また宗教はそれ自体無内容で、天によってではなく地によって暮らしており、それが転倒した現実（die verkehrte Realität）の理論である以上、その現実の解体とともにおのずから崩壊するからです」。
(27)

 ここでマルクスが語る「宗教」とは、フェティシズムでなく、動物宗教から始まる本来の宗教である。『フェティシズム・ノート』の摘要第50番にみられる「人びとを引き裂き、相互に遠ざける」宗教、或いはド＝ブロスの原文にある「自然のあり方からして憎しみをもっているような、そうした動物を、隣接するノモスに対して指定するよう配慮がなされた」（pp.255-256, SS.192-193）宗教のことである。マルクスは、その線に沿って動物宗教から宗教一般を捉えかえし、上述の11月30日付ルーゲあて書簡では、もっとはっきりと、宗教はそれ自体無内容であり、転倒した現実の理論だ、と述べるに至った。このようにして、ルーゲあて書簡や『ライン新聞』記事にみられる若いマルクスの先史信仰観・フェティシズム観を追ってきたいまとなって、彼の言うフェティシズムとイドラトリ、それに動物崇拝の三者について、およそ次のような整理が可能となった。まず第1、マルクスは、ド＝ブロスが考えたような、生物・無生物双方を含むフェティシュを想定せず、フェティシュとは特に無生物であるとする。そして、このようなフェティシュたる無生物を崇拝する野生人は、時にその神を投げ棄てることがあり、神を破壊することさえあるのだと、ド＝ブロスにならって、そのように考える。しかしド＝ブロスと違って、動物崇拝については、これは人間を神たる

動物より一段低い存在にするもので、神との交互的な、対等な関係でなく、神への一方的服従を特徴とするもの、と判断する。そして、このような動物崇拝こそ、本来の宗教、「転倒した現実の理論」なのだということになる。また、すでに検討済みのルーゲあて書簡と『ライン新聞』記事を再度読めば、マルクスがフェティシズムについて意識的にか無意識的にか、二様の解釈をしていることが明瞭にわかってくる。その第一の解釈は、原初のフェティシストは聖なる人間にして、相互に自由に交流し合う人間というものである。これを私はポジティヴ・フェティシズムと名付けている。こちらは、就中、神への攻撃・和解という、神と人間との交互的関係を特徴としている。そして第二の解釈は、例えばキューバの先住民にとっての黄金のように、いかに他者の神ではあれ自分たちには死をもたらすやもしれないような、害悪そのものであるような、よそ者のフェティシュを自分たちの周囲から排除しきれなかった時に登場してくる、一方的におしつけられた神、自分たちよりも一段高いところにあって、常にそれに跪拝するだけの、そうしたフェティシズムである動物崇拝ないしイドラトリである。こちらの方を私はネガティヴ・フェティシズムと名付けている。マルクスは、この二種の傾向で以って一つのものであるフェティシズムをド＝ブロスから、しかしド＝ブロスを改造しつつ、学んだのである。

　1842年10月、それまで『ライン新聞』へのたんなる寄稿者であったマルクスは、ケルンにて同紙の主筆となった。したがって上に解説した記事中、引用C以降はマルクスが自ら編集する新聞に自ら載せたものである。その記事、すなわち第6回ライン州議会の議事についての第3論文「木材窃盗取締法に関する討論」は、マルクスが初めて経済問題を取扱ったものであった。そのようにフェティシズムは、マルクスにおいては、先史信仰としてのそれから離れ、経済学の領域において重要な役割を果たす術語・概念に転用されていくのである。

2　経済学的フェティシズムの創始―転倒の世界としての宗教の夢幻境

　1843年3月、『ライン新聞』編集部を去ったマルクスは、同年秋から翌44年初にかけて、『独仏年誌』のために『ユダヤ人問題によせて（*Zur Judenfrage*）』と『ヘーゲル法哲学批判序説（*Zur Kritik der Hegelschen Rechtsphilosophie, Einleitung*）』を起草する。そのうち特に前者の論文中でユダヤ

人とキリスト教徒との間の宗教的対立に言及し、こう自問自答する。「いかにしたなら対立が解消されるか。それを不可能ならしめることによってである。いかにしたなら宗教的対立が不可能にされるか。宗教を止揚することによってである(Dadurch, daß man die *Religion aufhebt*.)」。ここに綴られた「宗教」は、1842年11月30日付ルーゲあて書簡に出てくる宗教、転倒した現実の理論たる宗教に一致する。その転倒の内容が、それから1年後のこの論文ではもっと明確に語られるのである。「譲渡とは放棄の実践である(Die Veräußerung ist die Praxis der Entäußerung)。人間は宗教に囚われている限り、自己の本質を或る疎遠な、空想的な本質にする(zu einem *fremden phantastischen Wesen* macht)ことによってしか対象化するすべを知らないのであるが、それと同じように彼は、エゴイスティックな欲望の支配下にあっては、自己の生産物および自己の活動を或る疎遠な本質の支配下に置いて、それらに或る疎遠な本質の―貨幣の―意義を付与するというやり方によってしか、実践的に活動したり実践的に対象を産出することができないのである」。この引用中、「譲渡は放棄の実践である」の一文は、フェティシズム全体―すなわちポジ・ネガの両領域―を表現している。放棄(Entäußerung)はポジティヴ・フェティシズムの交互運動のうち一方の極、すなわち崇拝に相当するのである。ところが、「人間が宗教に囚われている限り」、すなわち動物宗教以降のネガティヴ・フェティシズムに囚われている限り、Entäußerung は fremd なものとしてしかありえない。一方の極における Entäußerung は、もし永久的に固定されると、疎外(Entfremdung)と化す。私ならそのように読み込むこの箇所は、マルクスの経済学的フェティシズム創出の準備段階を示しているのである。ここで明確に宗教つまりネガティヴ・フェティシズムの、エゴイスティックな欲望への転化、宗教における或る疎遠な本質つまり神の、経済における或る疎遠な本質つまり貨幣への転化が読まれる。

　1844年前半から8月にかけて、マルクスはいわゆる『ミル評註』および『経済学・哲学手稿』を起草する。そのうち後者で彼は、フェティシズムという術語を数回用いている。第3手稿で計3回のようである。第1の箇所―イギリスの啓蒙された国民経済学の立場からすると「私的所有を人間にとってただ対象的な存在としてしか認めない重金主義および重商主義の一派は、フェティシュ崇拝者、カトリック教徒にみえる。それゆえエンゲルスは正当にも、アダム＝スミスを国民経済学上のルターと呼んだ」。第2の箇所―

「古い外的な、ただ対象としてのみ存在しているような富のフェティシズム」。第3の箇所—「いまだ金属貨幣のフェティシストであるような諸国民は—まだ完璧な貨幣国民ではない」。「フェティシストの感性的な意識は、ギリシア人のそれとは別のものである、なぜなら、彼の感性的な現存在がなお別のものだから」。ここでマルクスがフェティシュ、フェティシスト、フェティシズムの術語で表現している内容は、イドラドリである。つまり—私の用語でいけば—ネガティヴ・フェティシズムである。人間にとって「ただ対象的な存在」というのは交互運動が一方の極で中断し、静止した状態のフェティシュを指し、その永久化がイドルなのである。イドルを自己の内にもう一度取り込まなければならない。それを主張したのがマルティン＝ルターであった。また、ルターが宗教の領域で果たした本質の奪回を経済学の領域で果たした人物がアダム＝スミスなのであった。貨幣の中に己れの本質＝労働をみたスミスにしてみれば、たんなる黄金崇拝者のスペイン人はフェティシストということになる。ところで、キューバのフェティシストはその黄金を海中へ投ずる。しかるにスペインのフェティシストはその黄金を生命より大切にする。この違いを無視したまま、キューバの野生人とスペインのコンキスタドレスを同列に置くことはできない。この点に留意しないフェティシズム論は、それが定評ある経済学者のものであるほど、我々には害悪となる。結論的に述べれば、神を己が内に取り込んだルターは、ようやくにして、フェティシズムの交互運動を、一方の極（崇拝・服従）から他方の極（攻撃・和解）に向かって再開させたのであり、まさしく、ポジティヴな意味でのフェティシズムを復活させた—或いはその基礎をすえたのである。ドイツにおけるこの作業の完成者は、もちろん、あのフォイエルバッハである。それと同じことがアダム＝スミスについても言い当る。すなわち、商品の中の労働をみとめ、労働を以って富の源泉としたスミスにして初めて、商品を投げ棄てるところまで突き進む資本主義経済の分析が可能となったのであり、商品は崇拝の対象であるのみならず、打ちたたく対象でもあることが明確化されたのである。そのような見地に立つスミスだから重商主義・重金主義の一派をフェティシストとみるのだとしているが、私にすれば、そのような見地に立つスミス、予定調和の世界に住むスミスこそ、ポジティヴな意味でのフェティシズムを復活させた—或いはその基礎をすえた人物なのである。そして、スミスによって着手されたこの作業の完成者が、君なのだ、マルクス君。フェティシュを終始拝むだけしかしないスペインのネガティヴ・フェ

ティシストと、これを時に打ちたたくか投棄してしまうキューバのポジティヴ・フェティシストの対比は、カトリック教徒とルター（その後継のフォイエルバッハ）との対比、重商・重金主義者とスミス（その後継のマルクス）との対比でもある。

　ド＝ブロス読書から2年と少しした頃、マルクスは『経・哲手稿』を綴った。したがって、ド＝ブロス的な意味でのフェティシズムを、よもや忘れたわけではあるまい。マイナースを読んだとしても、コンスタンを読んだとしても、いや、そうだからこそフェティシズム論の創始者はド＝ブロスであることがわかっていたであろう。そのほか『経・哲手稿』のマルクスは、フエダ等西アフリカのフェティシスト、キューバ等メソ・アメリカのフェティシスト、ラップ人等北極圏のフェティシストの儀礼・信仰を、まだ生々しく記憶していたであろう。また、ノモス毎に政治的に分割されると同時に、仲の悪い動物どうしを神＝イドルとして強制されて対立を深めざるを得なかった文明期エジプト人のことをも、よく覚えていたであろう。ならば、神を自らのうちに奪回する者がフェティシュ崇拝者であって、一方的に神への服従を強いられる者がイドル崇拝者であることをも、またよくわきまえていたはずである。だが『経・哲手稿』のマルクスは、ポジティヴ・フェティシズムのことを黙秘する。或いは原始フェティシズムを無視する。3箇所で用いたフェティシュ関連語は、すべてネガティヴ・フェティシズムのことである。ここに記されたフェティシズム、例えばカトリック教徒などは、ド＝ブロスでは絶対にフェティシズムに入らない。しかるにマルクスは、何の注釈も付けずに、フェティシズムがあたかも一般的な、普通名詞的なものであるかのように、さらりと用いるのである。ルソー、サン＝シモンはフェティシズムという語にはこだわらなかったが、サン＝シモン派、とりわけコントは、この語を原始に関連付けて大々的に使っている。1830年代から40年代前半の頃、コントは原初的信仰としてのフェティシズムを力説して、これをカトリック等の文明宗教に関連させはしなかった。したがって、マルクスのごときフェティシズム解釈は特異なのである。この、マルクスに独特のフェティシズムが生まれた根本的な理由の一つは、1840年代にあって、彼は先史社会について無知だったことである。彼がフーリエにぞっこんであった点も隠し立てしない方がよいかもしれない。彼は、老いて、モーガン、バッハオーフェン、ラボック等に先史のなんたるかを学ぶ頃、ようやく自分の無知を改善する機会を与えられるのである。だが話をそこまで進めてしまうのはまだ

早い。それよりも、ここではさらに、この特異なフェティシズム論がその後どのように展開したか、という点を検討してみたい。

　1845-46年執筆の『ドイツ・イデオロギー』でマルクスは、エンゲルスとともに、古代の宗教に触れて次の見解を示した（この著作からの引用については廣松渉の訳を借用）。「インド人やエジプト人のもとでの分業がとる粗野な形式が、これら両民族の場合、国家と宗教のうちにカースト制度を招来せしめると、歴史家（或る時代に、その時代は純粋に〝政治的な〟或いは〝宗教的な″動機で動くと信ずる歴史家）は、〈現〔実に〕〉カースト制度が、この粗野な社会的形態を産出した威力なのだと信じ込んでしまう」。この見解は古代宗教＝文明宗教についてであって、先史信仰についてではない。マルクスは、『ドイツ・イデオロギー』でも黙秘か無視かの態度を貫く。この著作にフェティシズムの語はみられない。マルクスとエンゲルスは、彼らの責任ではないにせよ1840年代に先史の人類社会一般について無知であったことを、のちに認めた。例えば、『共産党宣言』（1848年）の1888年イギリス語版において、マルクス没後のエンゲルスによる単独の行為として「今日までのあらゆる社会の歴史は、階級闘争の歴史である」の一文に付けた注が、そのことを証明している。しかし、例えば『ドイツ・イデオロギー』（草稿であり二人の生前は未刊）において「宗教はそもそものはじめから超越の意識である、〔この意識は〕現実の諸威力から生ずる」の一文には、態度の変更がみられないのである。「そもそものはじめ」とはいつのことを指すのか。それが先史を含んでいるのであれば、マルクスはド＝ブロスから最も重要な概念を学びそこねたことになる。そうであれば、ポジティヴ・フェティシズムに関する彼の黙秘はレベルの低い行為となる。だが実際のところは、少々事情が違っていると考えた方がよい。彼がド＝ブロスからフエダのフェティシズム、キューバのフェティシズムを学んだことは確かだった。しかし、そうした原初的信仰と密接に結び付く先史の社会組織についてマルクスが無知であったことが、黙秘ないし無視の原因なのである。『ドイツ・イデオロギー』を以ってしては先史の文化は説明しきれなかった。したがって、ポジティヴ・フェティシズムの存在は学んでも、この精神運動が、先史の社会組織とともに、かの古き時代に普遍性を備えた、一つの時代を画する人類文化であったことまでは捉えられなかったのである。マルクスにとって、宗教の「そもそものはじめ」とは動物宗教からを指すのであって、原始共同体から氏族社会にかけての先史社会組織に無知な以上、その時代に特有なポジティ

ヴ・フェティシズムについても無知であって、なんらおかしいことはない。では、先史に対するマルクスのこうしたみすぼらしい態度は、いつまで続いたか。『資本論』まで続いた。

　『経済学批判』(1859年)において、マルクスはフェティシズムを次の文脈で登場させる。「自然は、銀行家や為替相場をつくりださないのと同じように、貨幣をつくりだすこともない。けれどもブルジョワ的生産は、どうしても富を一つの物の形態をとったフェティシュとして結晶させないわけにはいかないから、金銀は富の適当な化身である。金銀はほんらい貨幣ではないが、貨幣はほんらい金銀である」。これはネガティヴ・フェティシズムの表明である。フェティシュ、フェティシズムとは転倒ないし錯覚を意味する、という定義がその内容を示す。『経済学批判』はそうした内容の記述で特徴づけられる。「交換価値を産み出す労働を特徴付けるものは、人と人との社会的関連が、いわばあべこべに、言い換えれば物と物との社会関係として表示されるという点である」。「重金主義のすべての錯覚は、貨幣を、一つの社会的生産関係を表示するものとは見做さないで、一定の属性をもつ自然物という形態においてみたことに由来している。重金主義の錯覚を嘲笑する近頃の経済学者たちでも、彼らがより高度の経済学的諸カテゴリー、例えば資本をあつかう段になると、たちまち同じ錯覚におちいっていることをさらけだしてしまう」。重金主義は、『経・哲手稿』ではフェティシズムとされていて、これを批判したのがアダム＝スミスだとされていた。ところが、ここではアダム＝スミスもフェティシストにされているようである。いずれにせよ、ともに、スペインのコンキスタドレスと同列のフェティシズム、つまりネガティヴ・フェティシズムを表現したものである。

　1862年1月から63年7月にかけて起草された、いわゆる『剰余価値学説史』には、幾つかの形容のつけられたフェティシズムが登場する。「商品のフェティシズム」、「貨幣のフェティシズム」、「資本のフェティシズム」、「利子生み資本のフェティシズム」、「ブルジョワ経済学者におけるフェティシズム」。そうした記述の中で、マルクスはフェティシズムを転倒いってんばりでおし通す。「我々はすでに貨幣の考察においてフェティシズムをこの転倒の表現として示した」。また同時にマルクスは、この記述において、フェティシズムを疎外と同一視するといった脱ド＝ブロス的行為を平気で行なうに至っている。「(…)ホジスキンは別の言葉で次のように言うのである。労働の一定の社会的形態の作用が、この労働の生産物である物のおかげだと

され、関係そのものが物的な姿で幻想される。我々が見たように、これは、商品生産に基づき交換価値に基づく労働の一つの独自な特徴なのであり、また、商品や貨幣におけるこのような取り違え（これをホジスキンは見ていない）が、資本ではさらにいっそうひどくなって現われるのである。諸物が労働過程の対象的な諸契機としてもっている諸作用が、それらの人格化、労働に対するそれらの独立性においてそれらがもつものとして、資本としてのそれらに属するものとされるのである。もしこれらの物がこのような疎外された形態において労働に相対することを止めるならば、これらの物はこのような諸作用をもたなくなるであろう」[40]。疎外現象はフェティシズムの交互運動が一方の極、崇拝・服従の極においてストップした時に生じるものであって、いわばフェティシズムの一部分ないし亜種でしかない。それを私はネガティヴ・フェティシズムと名付けたわけである。したがって「疎外された形態」が解消したからといって、そこでフェティシズムも解消するのでなく、逆に、その時を以ってフェティシズムは他方の極、攻撃・和解の極への交互運動を再開するのである。

　ここで『資本論』第1巻（1867年）に入ろう。その中には、ネガティヴ・フェティシズムの特徴をこれ以上簡潔に表現しえないほど、それが完璧に整理された一文が綴られている。「人間は、宗教では自分の頭の作り物に支配されるが、同様に資本主義的生産では自分の手の作り物に支配されるのである」[41]。この一文はイギリスのブライトンにいたアーノルト＝ルーゲの注目するところとなり、彼は1869年1月25日付シュタインタール（在マンチェスター）あて書簡中にすっかり引用し、マルクスが綴った「否定の否定」[42]をも引用して、「マルクスは、広い学識とすばらしい弁証法的才能の持ち主です」とほめちぎった。すぐさまこのことを知ったマルクスは、1869年2月11日クーゲルマン（在ハノーファー）あて書簡中で、こう語る。「同封のA・ルーゲの手紙は、ブラッドフォードにいる私の友人シュトローンが、彼の商売上の友人の一人から手に入れたものです。ルーゲはどうも『否定の否定』に抗しきれなかったようですね」[43]。こうしてみると、マルクスは、フェティシズム＝転倒という観念にドップリとつかってしまっているようである。マルクスは、宗教に関するルーゲの評価をどう受けとめたか。自分と自分の著作を称えてくれるルーゲに対し、まんざらでもない気分であったのかもしれないが、ド＝ブロス的見地からすれば、とんでもない宗教論であると言わざるを得ない。先史の共同社会では、人間の主人としての宗教でなく、人間労

働を組織する社会制度としてのフェティシズム、その精神的表現としてのフェティシュ諸神の崇拝が存在していたのであり、転倒は、その中における瞬間的現象、ないし運動する現象にすぎないのである。しかしマルクスは転倒、固定された転倒でもってフェティシズムのすべてであるかの表現をとり続ける。そのことを如実に物語る一文が、『資本論』第1巻にもう一つある。

「商品形態やこの形態が現われるところの諸労働生産物の価値関係は、労働生産物の物理的な性質やそこから生ずる物的な関係とは絶対になんの関係もないのである。ここで人間にとって諸物の関係という幻想的な形態をとるものは、ただ人間自身の特定の社会関係でしかないのである。それゆえ、その類例を見いだすためには、我々は宗教的世界の夢幻境に逃げこまなければならない。ここでは、人間の頭の産物が、それ自身の生命を与えられてそれら自身のあいだでも人間とのあいだでも関係を結ぶ独立した姿に見える。同様に、商品世界では人間の手の生産物がそう見える。これを私はフェティシズムと呼ぶ。それは、労働生産物が商品として生産されるやいなやこれに付着するものであり、したがって商品生産と不可分なものである。

このような、商品世界のフェティシュ的性格は、前の分析がすでに示したように、商品を生産する労働の特有な社会的性格から生ずるものである」[44]。

ここでマルクスが比喩的に用いる「宗教的世界の夢幻境」とは、文脈からして、もちろんフェティシズムの世界を指すのだが、他方ではフェティシズムを「商品生産と不可分なもの」ともしているので、こちらは文明の世界を指すわけである。つまり、マルクスは明らかに、ド＝ブロスから伝えられたフェティシズムの内容を改造してしまったのである。ド＝ブロスにあってフェティシズムは、先史に限定されていた。それがムハンマドの時代のアラビアや大航海時代のセネガルの人びとの間に存在したのは、それを産み出す原初的社会関係が残存したか、或いはそれが破壊された後の文化的慣性によるのであった。根は先史にあった。それに対しマルクスの定義するフェティシズムは、先史でなく文明期にこそ存在し得る[45]。こうした決定的な相違があるにもかかわらず、マルクスは先史のフェティシズムと商品世界のフェティシズムを区別することなく、この語があたかも自分の造語であるかの態

度をとるのである。だから、「付着する（ankleben）」などという、ド＝ブロス的見地からすれば曖昧な表現をとって平気でいられる。ド＝ブロスが言うには、フェティシュそのものを崇拝する行為がフェティシズムであって、フェティシュが付着したところの物体を崇拝するのではない。後者はタイラーの言うアニミズム（霊魂付着現象）である。ド＝ブロスによれば、エジプトの先史人やキューバの先住民は、或る特定の物体そのものをフェティシュと考えたのであって、そこに付着現象はみられない。よって、マルクスの言はド＝ブロス的でない。ド＝ブロス的に言い換えればこうなる――これを私はフェティシズムと呼ぶ。それは、労働生産物すなわちフェティシュが商品として生産されるやいなや商品崇拝として生ずるものであり云々。

そうであるならば、これほどまでにド＝ブロスから逸脱した壮マルクスの思想を、我々はそれでもなお、ド＝ブロスに発するフェティシズム論の系譜に位置付けることが、果たして可能であろうか。ド＝ブロスのドの字も記さないまま、あたかも己が専売特許であるがごとくフェティシュを論じるマルクスの発想は、実は贋物なのではなかろうか。――いや、そのようなことは断じてあり得ない。マルクスの商品フェティシュ、経済学的フェティシズムは、やはりたしかに、ド＝ブロスのフェティシズムからダイレクトに導かれているのである。そのことをはっきりさせるため、以下に二者を比較してみよう。繰り返しになるが、ド＝ブロス的フェティシズムに特徴的なことがらは何であったかということを考える。（ⅰ）自分で自分の神を、可視的な対象として創る。（ⅱ）本物を拝む。（ⅲ）崇拝と攻撃とが互いの前提をなす（交互）。（ⅳ）先史・野生にこそ特徴的。マルクスの経済学的フェティシズムをこの4点に照らしてみよう。まず（ⅰ）はマルクスにも妥当する。つまり、彼がフェティシュ的性格を見いだした商品、貨幣はみな人間が自ら創ったもので、目に見える。（ⅱ）もマルクスには妥当する。商品と貨幣とに対する崇拝、拝金主義が重金主義のみならず資本主義それ自体の産みの親であり一身同体であることをマルクスは認めている。（ⅲ）はどうか。これは両者間で相当なギャップがある。すなわち、マルクスの経済学的フェティシズムは転倒いってんばりである。また（ⅳ）も違う。マルクスは、ド＝ブロスと正反対というか、ド＝ブロスを無視してというか、文明フェティシズムのみを論じ、現代の利子生み資本においてフェティシュの完成を見ているほどである。だが、（ⅲ）と（ⅳ）をセットにし、また或る条件を添加することによって、両者のギャップは埋め合わされ、むしろ強く関連づけられること

になる。すなわち、先史に特徴的だった交互運動は、両極間の往復運動を緩急なく、遅滞なく繰り返していた。しかしこの運動は、文明期に入ると、この期に出現してきた法外な力をもったフェティシュのために、崇拝・服従の極で固定されるに至った。法外な力をもったフェティシュの支配下で、その崇拝者たちは、時として喜びさえ感じながら一方的な服従を強いられるようになったのである。ところで、法外な力をもったフェティシュとは、例えばエレラを介してラス=カサスからド=ブロスに伝えられたキューバの先住民の物語に出てくる、かのスペイン人の黄金であった。この黄金の支配下にあって、スペイン人のフェティシュ崇拝者は富みに富んだが、キューバのフェティシュ崇拝者はみな殺しの憂目にあった。キューバ人のフェティシュ、マニトゥは、それを創った人びとの力と対等かそれ以下であったが、スペイン人のフェティシュは銃よりも手ごわく、当のスペイン人にさえあまりに強大な力をもった神だった。そこで、フェティシュとその崇拝者との間の交互運動は、一方の極つまり崇拝と服従の極に半永久的に固定され、それがため文明フェティシズムは端的に〝転倒〟のみを表現することになったのであった。ここにおいて、交互的特徴をもつ先史フェティシズムは深層に沈潜したのである。マルクスは、フェティシズムに関するそのような推移を意識していたわけではないし、意識することもできなかった。先史にでなく文明に、それも予定調和の崩れた文明期に関心を抱くマルクスは、むしろ、フェティシュ崇拝者が自分で創った可視の神に、自ら喜んで支配され、かつその神を自分で創ったとは終ぞ思わないでいる現象を、とりたてて経済学的フェティシズムに適用しただけなのである。経済学に意欲を燃やすマルクスの視界から先史信仰にまつわるポジティヴ・フェティシズムが消えていって、何の不思議もない。しかし、そのことによって彼は、ド=ブロスが発見しなかった、フェティシズム現象のもう一つの重大な側面を際立たせた。すなわち、彼は、先史だけでなく文明期にも、またとりわけカトリックにもフェティシュ崇拝を認め、その結果彼は、フェティシズムとは先史と文明とを貫く普遍的な社会現象であることをはっきりさせたのである。その発想をマルクスは、1842年に読んだド=ブロス『フェティシュ諸神の崇拝』と、それと同時期に前後して読んだフォイエルバッハの『キリスト教の本質』、『哲学改革のための暫定的命題』を通して掴んだのであった。その意味からしても、マルクスは誰にもまして、ド=ブロスの直系の後継者といえるのである。ただ先駆者と同じことを繰り返さず、自分なりに改造しただけのこと

である。

　ところで、マルクスは『資本論』第1巻を起草するのに、先史や古代の社会に関する文献を、読まなかったわけではない。19世紀後半における原始社会研究、先史学の名著を、彼は幾冊か読んでいる。例を挙げれば以下のものである。ダーウィンの『種の起原（*On the Origin of Species by Means of Natural Selection*）』（ロンドン、1859）、ダウマー（G. F. Daumer）の『キリスト教古代の秘密（*Die Geheimnisse des christlichen Alterthums*）』（第1巻-2巻、ハンブルグ、1847）、ニーブールの『ローマ史（*Romische Geschichte*）』（改訂1巻本、ベルリン、1853）、W・ハウィット（W. Howitt）の『植民とキリスト教、ヨーロッパの全植民地における先住民の取扱いの歴史（*Colonization and Christianity : a popular history of the treatment*）』（ロンドン、1838）、モムゼンの『ローマ史』（第2版、第1-3巻、ベルリン、1856-57）。だが、以上の文献だけでは、到底先史は掴めない。マルクスが本格的に先史の実態を知るようになるのは、『資本論』第2巻以降のための読書を行なった際のことである。その読書とは特に、マウラー、コヴァレフスキー、モーガンの諸著作についてのものであり、中でもとりわけマルクスはモーガンに引きつけられる。それと同時に人類の先史社会を論じた幾つかの新研究、バッハオーフェンやラボックの諸著作を知って、それらを熱心に読みすすめる。その過程でマルクスはふたたび、あのド＝ブロスとその著作『フェティシュ諸神の崇拝』に接することになる。

3　老マルクスの先史研究―神を攻撃するフェティシズム再見

　『資本論』第1巻刊行を済ませたマルクスは、1868年3月14日付エンゲルスあて書簡で、ゲオルク＝ルートヴィヒ＝フォン＝マウラー（Georg Ludwig von Maurer, 1790-1871）の2著作『ドイツにおける荘園庁、農民園および荘園制度の歴史（*Geschichte der Fronhöfe, der Bauernhöfe und der Hofverfassung in Deutschland*）』（第1-4巻、エアランゲン、1862-63）と『ドイツ村落制度史（*Geschichte der Markverfassung in Deutschland*）』（第1-2巻、エアランゲン、1865-66）を大英博物館で読み、それらを通じてドイツのマルク制度や村落制度について多く学んだことを記している。そして、「アジア的またはインド的な所有形態がヨーロッパのどこでも端緒をなしている、という僕の主張した見解が、ここでは（マウラーはこの見解をすこしも知らなかっ

たとはいえ）新たな証拠を与えられている」と記している。また、同年3月25日付エンゲルスあて書簡では、「マウラーについて。彼のいろいろな著書は非常に重要だ。たんに原始時代だけではなく（云々）」と記し、ゲルマンの先史村落に言及している。このように先史とマウラーとに注目するマルクスは、1876年5月から6月にかけて、ふたたびマウラーを読み、『マルク・ホーフ・村落（ドルフ）・都市制度および公権力の歴史への序説（*Einleitung zur Gescnicnte der Mark-, Hof-, Dorf-und Stadt-Verfassung und der öffentlichen Gewalt*）』（ミュンヘン、1854）と『…荘園制度の歴史』についてノートを執った。いわゆる『マウラー・ノート』である。また同年8月19日付エンゲルスあて書簡では、ロシアの歴史学者マキシム＝マクシモヴィチ＝コヴァレフスキー（Максим Максимович Ковалевский, 1851-1916）の名が登場し、同年12月11日付エンゲルスあて書簡では、「コヴァレフスキーがきのうぼくを訪ねてきて、ハンセンを要求した」とある。ここにあるハンセンとは、ゲオルク＝ハンセンの著作『トリーア県のゲフェーファールシャフト（世襲的共同団体）』のことである。こうしてマルクスは、1876年には―最初の出会いは1875年―コヴァレフスキーの訪問をうけ、と同時に彼から古代の残存に関する多くの知識を得ていくことになる。そして1879年10月頃から翌80年10月にかけて、コヴァレフスキーの著作にして、著者自身から贈られた『共産体的土地所有、その崩壊の諸原因、経過および諸結果。第1部（Общиное зелевлаиение, причины, ход и послествия его разложения. Частъ первая）』（モスクワ、1879）を読み、ノートを執った。いわゆる『コヴァレフスキー・ノート』である。こうしてロシアの農民共同体（オプシチナ）について研究を深めていったマルクスは、1881年2月下旬、ロシアのヴェラ＝イヴァーノヴナ＝ザスーリチから、ロシアの現状とオプシチナの存立との関係について問い合わせの質問状を受け取る。彼女の求めに応じて、マルクスはさっそくロシアのオプシチナを、マウラーやコヴァレフスキーに学んだ知識を動員して分析し、その将来的な再生の可能性を示唆する一文をものした。そして、その年の5月から翌82年2月にかけて、マルクスはついに原始共同体研究に最重要な文献であるルイス＝ヘンリー＝モーガン（Lewis Henry Morgan, 1818-81）の著作『古代社会（*Ancient Society*）』（1877）を読み、ノートを執るに至った。これがいわゆる『古代社会ノート』である。ヨーハン・ヤーコプ＝バッハオーフェン（Johann Jakob Bachofen, 1815-87）著『母権論（*Das Mutterrecht*）』（1861）にも触れていたモルガン著作からの摘要を執り終わっ

て半年ばかりして、マルクスはさらに原始共同体の研究を前進させるため、イギリスの民族学者ジョン＝ラボック（John Lubbock, 1834-1913）の著作『文明の起原と人類の原始状態（*The Origin of Civilisation*）』（ロンドン、1870）を読み、ノートを執った。これがいわゆる『ラボック・ノート』―またの名を『文明の起原ノート』―である。この最後のラボック読書で、マルクスはド＝ブロスの名とその著作『フェティシュ諸神の崇拝』を目にすることになる。1882年10月から11月にかけてのことである。バッハオーフェンにも言及したラボック著作において、ちょうど40年ぶりにド＝ブロスと再会したマルクスは、それから約4箇月後の1883年3月14日、永眠する。

　死ぬる前の数年間、老いたマルクスをかくも激しく動かした研究テーマは、いったい何であったか。それは、19世紀の後半に急速な発展を示した神話学、先史学、古典民族学、比較民族学の成果にくっきりと姿を現わしてきた先史の現実的人間に触れ、神話の中で、神話というかたちで現代に伝えられた先史の生活の中で唯物論的に動く現実的共同存在としての人間を捉え、その実態を唯物史観の立場から見きわめることであった。そのような問題意識が老マルクスの脳裡に強まったとするなら、人類史の端緒を説明するのにもはや転倒としてのフェティシズム、文明フェティシズムの発想で済まされないことは、火を見るより明らかであろう。では、『資本論』第1巻刊行後のマルクスは、いかなるかたちのフェティシズム言及を行なったであろうか。

　この問題を解明するためには、マウラー著作とコヴァレフスキー著作をとばして、いきなりモーガン著作に入る。ルイス＝ヘンリー‒モーガンは、『古代社会』第1篇第1章「種族時代」で、「あらゆる原始宗教は怪奇であり、またある程度理解しえない」と述べ、先史における宗教的観念の発達という主題は「付随的な示唆をうながすものを除き、本書の計画外にある」[55]と、あらかじめ断っている。それほどに原始信仰の解明に消極的であったモーガンだが、それでも第1篇第3章「人類進歩の比率」の中で、「野蛮期」の一特徴としての「フェティシズム」ないし「最低形態の自然力崇拝」[56]に言及する。ところで、モーガンを読んだマルクスは、この箇所は摘要していない。第1篇については、第1章に関して野蛮時代―石塚風に換言すれば野生Ⅰ時代―・未開時代―石塚風に換言すれば野生Ⅱ時代―・文明時代の各段階の特徴をトレースし、第2章に関して食料の獲得とその生産の変化、および血縁家族から一夫一妻婚へと向かう家族構成体の変化をトレースしている

だけで、我々にとって肝心の第3章はとばしているのである。だがマルクスは、第4篇第1章に至って、次の摘要を行なっている。布村一夫訳によって紹介する。

> 「|未開の|下段階に、人間のよりすぐれた諸特質が発達しはじめた。人格の尊厳、雄弁、宗教的感情、正直、剛毅、勇敢が、いまや性格の一般的な諸特徴であるが、残忍、反逆、狂信もそうである。宗教における自然力崇拝は、人格神や大霊についての漠然とした観念、素朴な詩作、共同長屋、トウモロコシのパンとともに、この時期にぞくしている。それはまた対偶家族をもたらし、また胞族や氏族から組織された諸部族の連合体をつくりだした。人間の向上に、かくも大きく貢献した大きい能力である想像力は、いまや神話、伝説および伝承の口承文学をうみだし、すでに人種にたいする強力な刺戟となった」。

この摘要部分は、いうなればモーガンなりに解釈したフェティシズムの内実をほのめかすものである。すなわち、野蛮―私の言う「野生Ⅰ」―期に生じた最低形態の自然力崇拝たるフェティシズムは、未開の下段階に至って、いっそう発展した宗教形態である「人格神」崇拝と並んで、依然として崇拝されていたということである。ただし、モーガン自身が断わっているように、『古代社会』はとりたてて原始信仰について多くを語っておらず、したがって本書で「フェティシズム」という語が記されるのも、上述の1箇所だけである。それでも、この『古代社会』には、ド゠ブロスを検討した我々にはたいへん気にかかる資料が出ている。それはドイツの古代ギリシア史家、考古学者エルンスト゠クルティウス（Ernst Curtius, 1814-96）の著作『ギリシア史（*Griechische Geschichte*, Berlin 1857)』からの引用部分である。その中にフェニキア最古の神話を叙述し、後世に残したサンコニアトンが記されているのである。当の『ギリシア史』はドイツ語で書かれたものであるから、そのイギリス語訳でなくドイツ語による引用がなされているドイツ語版『古代社会』から、必要な箇所を訳して、以下に孫引きしてみよう。

> 「クルティウスは、リュキア人、エトルリア人、そしてクレタ人のもとにおける出自体系を、以下の言葉で批評している。『出自を母系で表示するというリュキアの慣行は、なるほどもちろん昔はその中に、彼らが

社会生活で女性に特別の影響力を認めていた証拠が存在しているかのように解された。しかしながら、その慣習は女性に捧げられた尊敬のごときものと解釈されてはならない。それはむしろ、先史の社会状態、いまだ一夫一妻婚が父方の出自を確実に挙げうるまでに確固とした根拠を与えられていない社会状態に根差すものである。したがってその慣習が及ぶ範囲は、リュキア民族の領域をはるかに越え出ている。しかもそれは、インドでは今日においてすら見いだされる。またそれは古代エジプト人のもとでも証明でき、サンクニアトン（Sanchuniathon）がきわめて率直な根拠—当時の女たちは偶然に出会った男たちと自由に交わっていたので、（当時の人びとは）母系で名乗っていた—を示して証言している」。[59]

モーガンは、クルティウスを自著に引用するにあたって、ギリシア語で書かれたサンコニアトン（引用文中のサンクニアトンで、モーガン著作中ではサンコニアソン Sanchoniathon と綴られている）の証言部分をカットした。或いはクルティウスのイギリス語訳版がすでにこのギリシア語箇所をカットし、モーガンはそれを知らずこのイギリス語訳版を引用したのである。[60]それにしてもマルクスの目にサンコニアトンの文字が入ったことだけは確実である。こうしてサンコニアトン→ビブロスのフィロ→エウセビオス→ド＝ブロス→マルクスへの線に加え、サンコニアトン→？→クルティウス→モーガン→マルクスへの線が引かれることになった。[61]この線は、マルクスがサンコニアトンを意識的に調査したことを示すのでなく、原初に関する情報がどのようにしてマルクス、ないしマルクスの時代にまで伝えられたかの経路を示すものである。ということは、マルクスには、先史の研究に必要な資料が、ほんのちょっと手を伸ばせばとどくところにあったということでもある。そうであるから、たとえモーガンが付随的に言及しただけにすぎない問題であっても、他の人びとにとってその中味はたいへん貴重なものを含んでいるのである。その１つに、「偶像」への、それから「特殊な動物名をもつクラン」への言及があって、マルクスはその箇所を以下のように摘要した。

「アステカ部族は、北方の先住民とおなじように、捕虜たちを交換したり、釈放したりはしなかった。北方の先住民では彼らの運命は、養取によって救われないかぎり、火刑柱である。アステカ部族では—神官たち

の影響によって――崇拝されていた大神へのいけにえとしてささげられた。アメリカ先住民のあいだでは、組織された神官階層は、偶像（idols）と人びとにたいする権威の獲得の手段としての人身御供（human sacrifices）との発明とむすびついて、未開の中段階に、はじめてあらわれた。人間の主要な諸部族においては、おなじような歴史をもっていたらしい」。

「スペインの著述家たち（征服時代の同時代人）は、アステカ部族における氏族を見なかった。だが、アングロ・アメリカ人も２百年以上もイロクオイ人のあいだで氏族を見なかった。彼らは早くから、特殊な動物名をもっているクラン｜氏族｜の存在（Existenz of clans mit besdrn Thiernamen）を指摘していたが、部族や連合体がもとづいている社会単位とはみなかった。エレラ（など）は、集団（氏族）としての『キンドリッド｜親族｜』や『リニイジ｜支族｜』（これは、或る著述家たちでは胞族であり、ほかのものたちでは氏族である）について述べている」。[62]

エレラ（アントニオ・デ、Antonio de Herrera 1559-1625）、これはいつか、どこかで目にした人物だ、そうだ『ライン新聞』時代にキューバの野生人のことを記事にした際、その種本中にあった大もとの種本の著者だ！ラス＝カサス→エレラ→ド＝ブロス→マルクスと伝わったマニトゥ、海中へ投ぜられた黄金、スペイン人のフェティシュのことを、モーガン読書を通じて、老いたマルクスが思い出したとして、何の不思議があろう。そればかりではない。この摘要に見られるごとく、マルクスはこの読書で、権威とか人身御供とかに結びついた「偶像」と、「特殊な動物名をもっているクラン」とを、否が応でも新たに学習したのである。一方ではエジプトの動物宗教に勝るとも劣らない偶像崇拝を、そのアメリカ的形態において学習し、他方では動物宗教以前の動物崇拝、いまでは誰もがトーテミズムと称している原初的信仰と原初的社会単位を学習したのである。一方で強制・抑圧の手段たる偶像を再確認し、他方では先史の人びとの生活を律する原理たる動物崇拝を、フェティシュならぬトーテムとして再確認したのである。そうであるからこそ、ギリシアの氏族に関する第２篇第８章からの摘要でマルクスは、端的にこう記すことになったのである。

「ギリシア人の宗教活動は、氏族のなかではじめられ、胞族にひろがり、

すべての諸部族にとって共通である定期的な諸祝祭で、最高点にたっした。(ド・クーランジュ)〔みすぼらしい宗教的要素（Das lumpige *religiöse* Element）が、現実の協力と共有財産がきえてなくなるにつれて、氏族にあっては、重要なものとなった。香のにおい、それはのこっている。〕」
(63)

「みすぼらしい宗教的要素」とは宗教の中のみすぼらしい要素という意味でなく、宗教一般がみすぼらしい要素なのだということである。それが文明期に近づくにつれ、偶像を携えて人類社会に拡大していくというように考えてよいわけである。

さて、マルクスとしては、ここでいよいよ以って偶像とフェティシュ（トーテム）とのしっかりした区別立てをつける段となってくるのである。その行為は、はたしてラボック読書で実行されることになる。もちろん、それが意識的な行為であったなどというつもりは毫もない。偶然の成行きで十分なのである。学問研究とは常に偶然が先行し、そのわだちに必然が生まれるという性質のものだから。

『古代社会』を読んでしばらくすると、マルクスは、原始信仰について多くを語った著作、ジョン＝ラボックの『文明の起原』を手にする。イギリス語で書かれたこの著作には、原書名のままで参考文献一覧が付けられている。それを、ここでの我々の関心にかかわる範囲で以下に列挙してみよう。Bachofen, *Das Mutterrecht.* Bosman, *Description of Guinea.* Charlevoix, *History of Paraguay.* Cook, *Voyage round the World. Second Voyage towards the South Pole. Third Voyage to the Pacific Ocean.* Darwin, *Origin of Species.* De Brosses, *Du Culte des Dieux Fétiches.* Lafitau, *Moeurs des Sauvages Amêricains.* リストアップされている点数は約200であるから、ここに引いた文献はほんの一部である。バッハオーフェン、クック、ダーウィンを除いて、みなド＝ブロス著作およびその中に出てくるものである。次に、ラボック著作巻末の索引をみると、次の項目が我々の目を引きつける。Fetichism, defined, 119/ -considered as a stage of religious progress, 164/ — belief of the negroes in, 165/ — believed in Europe and in other races, 165-167/ -eating the fetich, 169, 241/ Idolatry, or anthropomorphism, 119/ — considered as a stage of religious development, 225/ — unknown to the lower races, 226, 227/ — origin of, 228/ Solomon on idols, 230/ — idols not

regarded as mere emblems, 231.人は、或る文献がはたして読むに価する
かを決めるのに、往々、その本の序文、目次、参考文献や注、それから索引
を見る。老マルクスがモーガンに続いてラボックに手をつけようとした理由
は措くとしても、この著作の索引を見ただけで、野生民族には知られていな
い偶像、たんなる象徴と見做されてはならない偶像のことが彼の目に止まっ
たことは間違いない。そして、すぐさま231頁を開き、この一文を読んだで
あろう。'The idol is by no means regarded as a mere emblem'（偶像は、
けっして、たんなる象徴と見做されない）ところがその時、マルクスはたぶ
ん、同じ頁の最下段の行に目が移って、しばしそれ以降を黙読したのではな
かろうか。'A statue of Hercules was worshipped at Tyre, not as a
representative of the Deity but as the Deity himself; and accordingly when
Tyre was besieged by Alexander, the Deity was last bound in chains, to
prevent him from deserting to the enemy.'（ティールではヘラクレスの像が
崇拝されていたが、神の象徴としてでなく神そのものとしてそうされていた。そ
れゆえに、ティールがアレクサンドロスに包囲された時、その神は、敵方に逃亡
しないよう、鎖でしっかりと縛られた。）こちらの一文はKames, *History of
Man.* という文献からの引用であるが、カルタゴの母市ティールのヘラクレ
ス像が神そのものであったこと、何かいっそう高尚な神の象徴ではなかった
ことを、マルクスはこの引用から読み知ったであろう。ベイルート（ペリ
トゥス）の南々西66キロの地中海に臨むこの町は、もと島であったが、ア
レクサンドロスにより本土と堤防で結ばれ、抵抗する市民は徹底的に虐殺さ
れた。己が真正の神を縛って—すなわち神を強制して—まで町をまもろうと
したフェニキア人の信仰心を、マルクスは、『資本論』段階のフェティシズ
ム観では説明のつかない観念であると悟ったか、悟らなかったか。形像崇拝
について転倒しているのは、フェニキア人でなくマルクスの方だと自戒した
か、しなかったか。

　ラボック著作の119頁に、Tne first great stages in religious thought
may, I think, be regarded as. とあり、それに続いてAtheism（無神論）・
Fetichism（フェティシズム）・Nature-worship, or Totemism（自然崇拝ない
しトーテミズム）・Shamanism（シャーマニズム）・Idolatry, or Anthropo-
morphism（偶像崇拝ないし神人同形同情説）が挙げられ、それぞれに解説が
施されている。それをいちいちここで詳論するいとまはないが、これに続い
て a really supernatural being（真に超自然的な存在）が出現する the next

stage および宗教に morality（道徳）が関係してくる the last stage が綴られ、その後にド＝ブロスの名とその著作『フェティシュ諸神の崇拝』、それからサンコニアトンとそれを引用したエウセビオスのことが述べられてある。Since the above was written my attention was called by De Brosse's "Culte des Dieux Fétiches' to a passage in Sanchoniatho, quoted by Eusebius.' これらの叙述もマルクスの目に止まったであろうが、推測めいたことはそれくらいにして、彼が確実に注目した箇所、つまり『ラボック・ノート』に摘要した箇所を検閲してみたい。その冒頭でマルクスは、ラボックは「ケイムズ卿の『人間の歴史』を引用している」と記す。そして、しばらく読み進めると、なんと、私がいましがた要約一省略して紹介した無神論から偶像崇拝、それに the last stage までをマルクスなりの通し番号（1）〜（7）で整理し、或る箇所ではイギリス語をそのまま写し、或る箇所はドイツ語・イギリス語まじりの要約で綴った箇所に出くわす。このところは詳述しないと断ってはみたものの、成行上、そのうち（2）Fetichism の箇所だけはラボック原典と比較して以下に記しておくことにする。まずラボック原典— *Fetichism;* the stage in which man supposes he can force the Deity to comply with his desires. 次にマルクスの摘要—（2）*Fetichism;* wo man supposes he can force Deity (Deity immer of bösartiger Natur) to comply with his desires. 摘要の方を訳すと、「フェティシズム。人が神（つねにたちのよくない性質を有する神）を自分の欲求に従うよう強制できると考える場合」。ラボックをこのように写しとったマルクスは、そのあと次のごとき意味深長な一節を記す。The savages almost always regard spirits as evil beings…a member of an invisible tribe. (129) / Vgl. Über die dem Lubbpck unbewusste Ueb<e>rl<e>g<en>heit d. "raisonnements" d. Wilden über das d. Gottesgläubigen Europäer. Lubb. P.12 これは、ラボックが自著129頁で I have already mentioned that としたあとの一段落である（ただしマルクスによる…の省略は5行に及ぶ）。私が意味深長だと感ずるのは、Wilden すなわち savages に対するマルクスの解釈である。ラボックが「野生人はほとんどいつも霊を不吉な存在（マルクスはこの箇所にアンダーラインを引いた）…不可視の部族の一員と見做す」とした箇所に、マルクスは「ラボックは気づいていないものの、野生人の『推理力』（ド＝ブロスの強調した、あの le raisonnement）がヨーロッパ人の信心家のそれに勝っている点に関して、ラボ（ック）、128頁以下を参照せよ」と記している。野生人に対

するマルクスのこのポジティヴな評価は、遠い昔、40年前、ド=ブロス読書のあと『ライン新聞』に記した、あのカースト制度以前の「聖なる人間」評価と符合する。意味深長な摘要はそればかりではない。このあとにきわめつけが出てくる。それは、ラボック著作第6章「宗教（結び）」の中の「偶像崇拝」と題する節の冒頭部分である。それを原典のまま引き、訳文を添えてみる。

> The worship of Idols〈マルクスは摘要にあたってこの4語にアンダーラインを引いている〉characierises a somewhat higher stage of human development. We find〈マルクスはWe findを削除し、セミコロンで前文と続けている〉no traces ot it among the lowest races of men〈マルクスはmanとしている〉; and Lafitau says truly,〈セミコロンを削除しさらに以下のように書き換えている。In Lafitau (*Mœurs des Sauvages Américains*, V. I, p. 151) sagt mit Recht：〉'On peut dire en général que le grand nombre des peoples sauvages n'a point d'idoles.' The error of regarding Idolatry as the general religion of low races, has no doubt mainly arisen from confusing the Idol and the Fetich.〈The error以下を削除し以下のように書き換えている。Sind nicht zu verwechseln mit Fetisch;〉Fetichism〈アンダーラインを引いている〉, however,〈削除している〉is an attack on the Deity, Idolatry is〈isを削除している〉an act of submission to him;〈225. と頁数を記して止めている〉[70]

「偶像崇拝は、人類の発展のやや高い段階の特徴をなす。最下位の人種のあいだにその根拠は見られない。そこでラフィトーは正しく次のように述べている。『一般に、大多数の野生民族は偶像をもたないと言える』。偶像崇拝を下位の人種に一般的な宗教と見做す誤認が主として、偶像とフェティシュとの混同に起因してきたことは疑いない。しかしながら、フェティシズムは神への攻撃であって、偶像崇拝は神への屈服なのである」。

本来ド=ブロスが定義したフェティシズムは崇拝と攻撃、ないし服従と和解の交互性を特徴としていた。それに比べると、ラボックの定義は極端すぎる。「フェティシズムは神への攻撃であって」とだけ記すのは一面的である。

しかしながら、イドラトリにはありえない特徴を強調するにはよい方法である。信仰者の願いを叶えることのできないフェティシュは、それを叶えるまで信仰者に脅かされる。ティールのヘラクレス像はその好例だが、マルクスは彼なりに、すぐその上の箇所を摘要している。それははたして、先に私が、たぶんマルクスが索引をみてすぐさま開いただろうと予測した、あの箇所である。

> 「偶像は、けっしてたんなる象徴とは見做されない。インドでは（デュボア、407頁――これはマルクスがラボック著作の脚注を参考に付けたもの）、人びとの供物が普段より多くなかった場合、バラモン僧は往々、『偶像に枷をはめ（力点はマルクスがアンダーラインを引いた箇所）、手足を鎖で縛る。（後略）』（231頁）」[71]

　『ラボック・ノート』は、その大半がたんなる摘要で、評注らしきものは少ない。だが、マルクスが語らずして語っている内容を、我々はすでに十分読み取ることができたと言えよう。ラボックのイギリス語を自らドイツ語に要約して、イドルを「フェティシュと混同してはならない（Sind nicht zu verwechseln mit Fetisch）」と記すマルクスは、ここですでに摘要以上の行為をしている。「宗教的世界の夢幻境」としてのフェティシズム世界で現代人以上にすぐれた「野生人の推理力」を見いだすに至った彼は自らの一生を貫いて an sich（ド＝ブロス読書）→ für sich（『資本論』執筆）→ an und für sich（モーガン・ラボック読書）を実践したのであった。すなわち、結論的に表現して、『古代社会ノート』、『ラボック・ノート』の老マルクスは、『資本論』の壮マルクスを凌いだのである。死ぬる4箇月前に、彼はかくしゃくたる態度で或る一つの大きなテーマを追究していた。摘要箇所が他の著作からの引用であった場合、例えば「デュボア、407頁」というように記しているのは、老マルクスの研究計画に即した行為なのである。その研究計画は、もし1883年3月14日の死という永遠の中断がなければ、古典民族学として完成したはずのものである。哲学→経済学→民族学という筋道もまた弁証法的な発展過程をなしている。商品フェティシュを追究している限りでのマルクスには、転倒としてのフェティシズムが、拝金主義としてのフェティシズムが研究題目であった。しかし、この文明フェティシズムをいくら解明したところで、これを尺度にして先史をおしはかることはそもそも論理の転倒であ

る。ことは逆であって、先史フェティシズムの何たるかを極めることによってはじめて文明をおしはかることができ、ひいては未来をきり拓くことができるのである。老いたマルクスと、その一生涯の友人にして共に老いてきたエンゲルスとが、なにゆえ1880年代にそろって先史の研究にのめり込んでいったか。その真意は、1895年まで生きたエンゲルスによって表明されたといえば、その通りである。だが、ラボック読書からわずか4箇月にして永眠してしまったマルクス本人に、その真意を問うことはかなわない。最晩年における老マルクスのポジティヴ・フェティシズム観というようなものは、かたちあるものとしては何も遺されなかった。マルクス死後『古代社会ノート』を読んでその遺言執行人の役割を果たしたとされる老エンゲルスの著作『家族・私有財産および国家の起原（*Der Ursprung der Familie, des Privateigenthums und des Staats*）』（1884）は、主としてモーガンに依拠した進化主義的先史社会論と呼びうるが、老マルクスの先史社会論は、ド＝ブロスを離れては樹立し得ないものにして、いうなればフェティシズム的先史社会論なのである。しかし、こちらは幻の体系である。そのようなものをマルクスに負わせることは断じて許せない。そこで、本来ならこれを以ってマルクス・フェティシズム論の解説を終えるはずのところである。だから、ここで一応本章を締括るが、別の章立てでもう一度これを取り上げる。そこでは、野生人に負けない私、石塚の大胆な推理力をはたらかせるつもりである。そのような発想はマルクス的でない、唯物史観からの逸脱だ、との批判を浴びるのを百も承知の上で、自分なりにマルクスの、幻のフェティシズム的先史社会論を基礎がためしてみたいと考える。またこの作業は、1987年に季刊『クリティーク』誌（青弓社）第8号に発表した拙論「唯物史観と原始労働―エンゲルス・クーノー・デュルケムの差異」の発展的な書き直しであるとともに、その論文末で宣言したフェティシズム史学、フェティシズム史観の樹立をふたたび公然と表明するためのものでもある。

注
（1）　ブルーノ＝バウアーからマルクスへあてた1840年3月30日付書簡には次の一節が記されている。「宗・哲（Rel. Phil.）の広告にはあまり時間をかけないように、またいかなることがあっても中断せぬように」。この要求は、新メガ編者によると、マールハイネケ編（実質的にはブルーノ＝バウアーによる）ヘーゲル『宗教哲学講義』第2版（1840年2月末刊）に

対してマルクスに書評を催促した内容らしい。ということは、1840年の時点でマルクスは、ヘーゲル宗教哲学を—幾度目かはわからないが—読みかえしたことがわかる。 Vgl. Bruno Bauer an Karl Marx in Berlin, Bonn, 30 März 1840, in *Neue MEGA*, III-1,1975, S.343. S.746.

（2） 1835年8月に、ギムナジウムを卒業するにあたってものした卒業作（宗教作文）「キリストと信徒の合一」の中で、マルクスは未だ次のように綴っていた。「人間は、あくまでキリストの中にあることによって、また、自分のなすことによって神そのものが栄光をうけ、自分の完成が被造物のつくり主を高めるということを知っているのであるから、苦しみをよろこんで忍ばないものがあるだろうか？（ヨハネ伝、第15章第8節—マルクス）」「したがって、キリストとの合一は一つの喜悦を与えてくれるのであるが、その喜悦は、エピクロス派がその軽薄な哲学の中で、また、いっそう深遠な思想家が知識の最も隠された深淵のなかでつかみとろうとして果たせなかったものであり、また、キリストと、そしてキリストを通じて神と結びついた、とらわれない、子どものような心情だけが知っており、人生をいっそう美しくかたちづくり高めるものなのである。（ヨハネ伝、第15章第11節—マルクス）」 *MEW*, Ergänzungsband ler Teil, S.601. 大月版『全集』第40巻、528頁。

（3） 廣松渉著・井上五郎補註『マルクスの思想圏』朝日出版社、1980年、227-273頁参照。

（4） とはいえ、若いマルクスは、ド＝ブロスが自著で批判の対象にしたアレゴリーに関し、相当つっこんだ討究を行なっている。準備ノートの第3において、またその第6において、次のようにメモしている。プルタルコスが宗教的祝祭に人びとがあじわうと述べる心の喜び、「この喜びにあっては、個人の態度の偶然的差異はなくなっている。それゆえ、この祝祭において、個人の・その他の諸規定からの・空無化、個人としての個人が、規定されている。そして、これが本質的な規定である。最後に、それは個々ばらばらの享受ではなくて、むしろ、神がなんら離在しているものではなく、次のような内容をもっているという確信である。つまり、神は個人のこの楽しみをみずから楽しみ、好意の眼差しをおくり、それゆえ、みずから楽しむ個人の規定の中に彼自身が存するという確信である。それゆえ、ここで神化され祭られているものは、日常の束縛から解放された個性そのものであり、したがってエピクロスのいう心境の平静〔αταραξια〕をそなえた知者〔σοφός〕である。崇拝されるのは、神としての神の定在ではなくて、個人の喜びの定在としての神の定在である。この神はそれ以上、どんな規定をももたない」。（第3ノートから） *MEW*, Ergänzungsband ler Teil, S. 108. 大月版『全集』第40巻、83頁。

「……規定された、人倫的、宗教的な問題を展開する際には、或いは『ティマイオス』篇におけるように自然哲学的な問題を展開する際にさえ、

プラトンは絶対者の否定的な説明で済ませてはいない。すべてのものを、ヘーゲルの言うように、すべての牡牛が黒くなる闇夜のふところに埋めるだけでは、十分ではないからである。そこでプラトンは絶対者の積極的説明にとりかかるのであり、この説明、本質的な、それ自身に基づく形式が、神話であり寓意である。一方には絶対者があり、他方には限定された積極的な現実性があり、しかも積極的なものが保存されるべきである場合、積極的なものは絶対的な光が輝くための媒体となり、絶対的な光は屈折して物語めいた色彩の戯れとなり、有限的・積極的なものはそれ自身とは異なる他者〔絶対者〕を暗示し、この蛹化を驚嘆すべきこととみる魂をそれ自身のうちにもっている。こうして、全世界が神話の世界となったのである。どの姿も謎である。最近もまたこうした現象は、似かよった法則によって制約されて、再来している。
　絶対者のこの積極的説明とその神話的―寓意的衣裳は、超越性の哲学の源泉であり、動脈である。その超越性は内在性への本質的な関係をもつと同時に、本質的にはこの関係を断ち切っている。それゆえ、この点に、いうまでもなく、プラトン哲学とあらゆる積極的宗教との、とくに、超越性の完全な哲学としてのキリスト教との、親近性がある」。(第6ノートから) Ibid., S.227f. 同上、165-166頁。
　フォイエルバッハとド＝ブロスに触れる2年ほど以前に、マルクスはすでに、神とは個性が神化されたものだということ、それから宗教は積極的なもの、つまりアレゴリーだということを確認している。

(5)　ライプニッツ、ヒューム、スピノザ等からの抜粋については、廣松・井上前掲書、第6章のほか、以下の文献に詳しい解説・解釈が読まれる。鷲田小彌太『哲学の構想と現実―マルクス』白水社、1983、第2章。また、同『スピノザの方へ――人間と人間の自然を求めて―』三一書房、1987。特にその「第3部『神学・政治論』と若きマルクス」(135頁以下)をみよ。そこには手堅い論究が読まれる。例えば「スピノザの主著研究は、マルクスの新しい出発に当っての思想上のスプリングーボードとなった」との指摘(137頁)は、少なからぬ同意をもって迎えられる。

(6)　もちろん、そのほかのノートも或る程度は重要である。例えば、マルクスがメモを執ったライプニッツの『モナド論(*Monadologie*, 1714)』には次の文章が読まれる。「これからお話するモナドとは、複合体をつくっている、単一な実体のことである。単一とは、部分がないという意味である。複合体がある以上、単一な実体はかならずある。複合体は単一の集まり、つまり集合にほかならないからである。さて、部分のないところには、ひろがりも、形もあるはずがない。分割することもできない。モナドは、自然における真のアトムである。一言でいえば森羅万象の要素である」。「神だけが、原初的な『一』、つまり本源的な単一体で、創造されたモナド、つまり派生的モナドはすべてその生産物にほかならない」。「神の

中には、万物の源泉である力と、多様な観念を含んでいる知性と、常に最善を選ぼうとする原理にしたがって、変化や生産をひき起こす意志がある。この3つは、創造されたモナドの中にある3つのもの、すなわち主体つまり基礎と、表象の能力と、欲求の能力に対応している。しかし神の場合、これらの属性は絶対的に無限であり、完璧であるが、エンテレケイア〔ヘルモラウス・バルバルスの訳語によるとペルフェクティハビエス（完全性を有するもの—訳者注）〕であるところの創造されたモナドにおいては、その完全性の度合に応じて、前者の模倣があるにすぎない」。「モナドに属して、そのモナドを自分のエンテレケイアや魂にしている物体は、エンテレケイアといっしょになって、生物と呼ばれるものを構成する。また魂といっしょになると、いわゆる動物を構成する」。「物質のどんなに小さな部分にも、被造物、生物、動物、エンテレケイア、魂が、たくさんふくまれていることがわかる」。ライプニッツ著、清水富雄・竹田篤司訳「モナドロジー」、下村寅太郎編『世界の名著25、スピノザ・ライプニッツ』中央公論社、1969、437頁以下。この一文がマルクスの原始信仰言及にどれほどの影響を及ぼしたかは、むろん何とも言えない。そのような関係は一切ないかもしれない。だが、のちにタイラー（Edward Burnnet Tylor, 1832-1917）が『原始文化（*Primitive Culture*, 1871）』で提唱することになるアニミズム、〈霊的存在への信念〉とライプニッツの提唱するモナドとを並べてみると、1841年におけるマルクスのライプニッツ読書のもつ、もう一つの意義を想定したくもなる。

(8)　スピノザ著、畠中尚志訳『神学・政治論』岩波文庫、1944（1949年の第2刷を使用）、上巻、199-200頁、222-232頁。なお、引用にあたって旧字旧仮名づかいは新字新仮名づかいに改めた。

(9)　例えばパリの義人同盟指導者エヴァーベック（A. H. Ewerbeck, 1816-60）からスイス（フェファイ）のヴァイトリング（W. Weitling, 1808-71）にあてた1842年10月26日付書簡にはシュトラウスの印象が次のように綴られている。「この本（ヴァイトリングが12月に刊行を予定していた『調和と自由の保証』）はおそらく、あたかもダフィド＝シュトラウス博士の『イエスの生涯』のごとき活躍をして、ドイツの状態を根底から揺す振るだろう」。J. C. Bluntschli, *Die Kommunisten in der Schweiz nach den bei Weitling vorgefundenen Papien*, Zürich,1843, S.8.

(10)　スピノザ、前掲書、84頁。

(11)　大月版『全集』第1巻、付録、23頁。

(12)　例えばG・ルカーチ著、平井俊彦訳『若きマルクス』ミネルヴァ書房、1958、25頁では、「1842年にフォイエルバッハの『キリスト教の本質』を読み、そしてその中でドイツ哲学がはじめて唯物論への突破口を開いたこの著作の意義を、ただちに認めている」とされている。またD・マクレラン著、西牟田久雄訳『マルクス主義以前のマルクス』勁草書房、1972、

163-164 頁では、「マルクスはフォイエルバッハの『命題（哲学改革のための暫定的命題）』が出版されるとただちに読み、コピーを送ってくれたルーゲに熱狂的な手紙を書いた」とあるものの、1841 年の『本質』についてのマルクスの印象は大きくなかったとしている。そのほか、マルクス自身の証言として、1843 年 3 月 13 日付ルーゲあて書簡でフォイエルバッハの『哲学改革のための暫定的命題（*Vorläufige Thesen zu einer Reform der Philosophie*, 1842）』に感激したことが記され、さらに同年 10 月 3 日付フォイエルバッハあて書簡で『本質』第 2 版を読んでの感想が記されている。Vgl. *Neue MEGA*, III-1, S.45, S.58. 大月版『全集』第 27 巻、362、364 頁。

(13) 廣松・井上、前掲書、437 頁では、1841 年までの諸文献を通じてはマルクスへのフォイエルバッハの決定的な影響を確認できないが、「フォイエルバッハが 1842 年の 2 月 16、17 日（第 39・第 40 号）の『ドイツ年誌』に載せた論稿「著書『キリスト教の本質』の評価のために」がマルクスにショックを与えたのではないかというありうべき推測が泛かぶ」とされ、そのあとに詳しい考証が行なわれている。

(14) Karl Marx an Arnold Ruge in Dresden, trier, 20. März 1842, in *Neue MEGA* III-1, 1975, S.23. 大月版『全集』第 27 巻、347 頁。訳文は上記邦訳版のものを借用したが、必要に応じて一部改訳した。またカッコ内は石塚の挿入、以下同様。

(15) Ibid., S.23. 同上、343 頁。

(16) 廣松・井上、前掲書、427-431 頁参照。

(17) *Neue MEGA* IV-1, Berlin 1976, S.826.

(18) 1842 年 3 月 20 日付ルーゲあて書簡には次の一節が読まれる。「宗教芸術論は、もしあなたがそれだけ長くお待ちになるというのであれば、4 月中ごろまでにはお渡しできます」。Karl Marx an Arnold Ruge in Dresden, Trier, 20. März 1842, in *Neue MEGA* III-1, S.24f. 大月版『全集』第 27 巻、347 頁。また 3 月 5 日付ルーゲあて書簡には次の一節が読まれる。「ザクセンの検閲が突然復活したのでは、『ラッパ』（B・バウアーの著作）の第 2 部として出るはずだった私の『キリスト教芸術論』の印刷は、たぶんはじめから全然できないでしょう」。Karl Marx an Arnold Ruge in Dresden, Trier, 5. März 1842, in *Neue MEGA* III-1, S.22. 大月版『全集』第 27 巻、342 頁。さらに 2 月 10 日付ルーゲあて書簡には次の一節が読まれる。「私の原稿（mein Manuscript つまり『ラッパ』の第 2 部用の原稿）は数日中に着くだろうということをヴィガントに伝えていただければ、たいへんありがたいと思います」。Karl Marx an Arnold Ruge in Dresden, Trier, 10. März 1842, in *Neue MEGA* III-1, S.21. 大月版『全集』第 27 巻、341 頁。

(19) Karl Marx Exzerpte zur Geschichteder Kunst und der Religion

(Bonner Heft), in *Neue MEGA* IV-1, SS. 329-367.

(20) *NEW*, Bd.1, 1964, S.42f. 大月版『全集』第1巻、「第6回ライン州議会の議事、1 ライン州人、第1論文：出版の自由と州議会議事の公表とについての討論」、48頁。

(21) *NEW*, Bd.1, S.91. 同上、「『ケルン新聞』第179号の社説」、105頁。なお、ここでマルクスが攻撃している『ケルン新聞』編集人ヘルメス（Carl Heinrich Hermes, 1800-56）について、マルクスぱルーゲあて書簡（1842・7・9付）で次のように描写している。「ケルンのヘルメスはひき続き私を論争に捲き込むでしょう。実際無知で、浅薄で、卑俗な男ですが、だが彼はまさにこういう性質があるからこそ俗物界の先達なのです。彼にはもうこれ以上おしゃべりさせないつもりです。凡庸なおかげで攻撃されないという特権はもう与えてはなりません。ヘルメスは『自由人』（ベルリンのヘーゲル左派）と一緒にして私を攻めたてるでしょうが、私はこの自由人について確実なことは残念ながら何も知らないのです。バウアーがベルリンにいるのは幸いです。彼は少なくとも『ばかなこと』はさせないでしょう」。Karl Marx an Arnold Ruge in Dresden, Trier, 9. Juli 1842, in *Neue MEGA* III-1, S.29. 同上、352頁。

(22) *MEW*, Bd.1, S.111 S.115. 同上「第6回ライン州議会の議事、1 ライン州人、第3論文：木材窃盗取締法にかんする討論」、128頁、133-134頁。

(23) *MEW*, Bd.1, S.147. 同上、172頁。

(24) 神としての木、樹木のことは、『ライン新聞』第303号（1842・10・30付）にも、次のように語られている。「たしかに、人間はどんな方法によっても制約されてはならない自由意志をもっているということは（都市出身の議員の口から出ようとは）予期しなかった発言でもあり、また喜ぶべき言葉でもある。これまで我々が耳にした託宣は、原初の時代のドードーナの託宣（ゼウス神礼拝所の聖なるカシの木）にも比すべきものであった。それ（これまでの託宣）を授けたものは、木材だったのである（Das Holz teile si aus）」。*MEW*, Bd.1, S.129. 同上、150頁。

(25) *MEW*, Bd.1, Anmerkungen 71. 同上、660頁。

(26) 因みに、後年（1859年）マルクスは『ライン新聞』時代における経済問題への関心の芽生えを、次のように回想している「私の専攻は法律学の研究であった。だが私は、哲学と歴史とを研究するかたわら、二次的な学科としてそれを学んだにすぎなかった。1842年から43年にかけて、『ライン新聞』の編集者として、私は、いわゆる物質的な利害関係に口を出さないわけにはいかなくなって、初めて困惑を感じた。森林盗伐および土地所有の分割に関するライン州議会の議事、当時のライン州知事フォン＝シャーパー氏がモーゼル農民の状態について『ライン新聞』を相手にして起こした公けの論争、最後に、自由貿易と保護関税とに関する議論、これらのものが私の経済問題にたずさわる最初のきっかけを与えた」。『経済学

批判』序言から。*MEW*, Bd.13,1961 S.7f. 大月版『全集』第 13 巻、5 頁。

(27) Karl Marx an Arnold Ruge in Dresden, Köln, 30. November 1842, in Neue MEGA III-1, S.38. 同上、第 27 巻、356-357 頁。

(28) *Deutsch-Französische Jahrbücher*, hg.v.A.Ruge u.K.Marx, Paris, 1844, Neudruck, Reclam jun, Leipzig, 1973, S.297. 真下真一訳「ユダヤ人問題のために」、『ヘーゲル法哲学批判序論』大月書店（国民文庫）、278 頁。

(29) *Ibid*, S.332. 真下訳、前掲書、323-324 頁。なお、『ユダヤ人問題のために』中には次の一節も読まれる。「貨幣はイスラエルの妬みぶかい神であって、その前にはどんな他の神も在ることは許されない。貨幣は人間のあらゆる神がみを貶めて、それらを商品に変える。貨幣はすべて万物の普遍的な、それ自身のために制定された価値である。それゆえにそれは人間界をも含めた全世界からその独自の価値を奪った。貨幣は、人間の労働と人間の暮しの、人間そのものから疎外された存在（das dem Menschen entfremdete Wesen）であって、この疎遠な存在が人間を牛耳り、そして人間はそれを礼拝する」。S.330. 真下訳、320 頁。ここでイスラエルの神がたとえに使われている点に注目したい。というのも、ド＝ブロスにおいては、「選ばれた人種」だけはフェティシュ崇拝と無縁であったからである。マルクスのド＝ブロス読書はしっかりしたものであったから、マルクスはすでにフェティシズムを彼なりの観点から改造しつつあるのであろう。

(30)〜(32) *MEW*, Ergänzungsband ler Teil, 1969, S.530. 藤野渉訳『経済学・哲学手稿』大月書店（国民文庫）、135、139、174 頁。

(33) アダム＝スミスに関しては、布村一夫『原始共同体研究』未来社、1980、の第 2 部の 8「古典経済学における原始人」が参考となる。例えば、モーガンに先行すること百年あまりにして、すでに「スミスは savage と barbarian を区別している。狩猟民は野蛮人 savage であり、牧畜民は未開人 barbarian である。そして前者は第 1 の発展段階にあって、後者は第 2 の発展段階にある」。(205 頁) これは『グラスゴー大学講義』にみられる卓見である。なお、同じ原語を、石塚は必要に応じて次のように訳すこととしている。savage＝野生人Ⅰ、barbarian＝野生人Ⅱ。ⅠとⅡの区別をするにおよばない場合は数字を省き、「野生人」あるいは「先住民」としている。とにかく、「文明」を基準とするような価値や序列を含まない訳語を用いている。

(34) K. Marx/F. Engels, *Die Deutsche Ideologie*, hg.v.W.Hiromatsu, Tokyo, 1974, SS.52-54. 廣松渉編訳『新編輯版ドイツ・イデオロギー、第 1 巻第 1 篇』河出書房新社、1974、52-54 頁。なお、この廣松版『ドイツ・イデオロギー』は、原文自体を考証・編集し直したものである。

(35) 当該の注には次の記述が読まれる。「1847 年には社会の先史（Die Vorgeschichte der Gesellschaft）、すなわちすべての記録された歴史の前

にあった社会組織は、まだ殆ど知られていなかった。その後ハクストハウゼンは、ロシアにおける土地の共有制を発見し、マウラーは、土地の共有制がすべてのチュートン部族の歴史的出発の社会的基礎であったことを立証した。そして次第に、土地共有制をともなった村落共同体が、インドからアイルランドに亘って、社会の原始的形態であったことがわかってきた。そしてついに、この原始共産社会の内部組織が、氏族（Gens）の真の性質と部族（Stamm）内におけるその位置についての、モーガンの輝かしい発見によって、典型的なかたちで明らかにされた。この原始共同体の解体とともに、別べつの、ついには相対する諸階級への社会の分裂が始まる」Karl Marx/Frinedrich Engels, *Manifest der Kommunistischen Partei*, Dietz, Berlin, 1969, S.42. 塩田庄兵衛訳『共産党宣言』角川文庫、34頁。なお、この引用は本書第Ⅱ部第2章第1節の本文中にも引かれている。

(36) K. Marx／F. Engels, *Die Deutsche Ideologie*, hg.v.W.Hiromatsu, S.152. 廣松編訳、162頁。

(37) *MEW*, Bd.13, S.130f. 大月版『全集』第13巻、132頁。なお引用にあたっては武田隆夫ほか訳『経済学批判』岩波文庫、204頁をも参照。

(38) *MEW*, Bd.13, S.21f. 大月版『全集』第13巻、19-20頁。武田ほか訳、31-32頁。

(39) *MEW*, Bd. 26. Ler Teil, 1965, S.365. 岡崎次郎・時永淑訳、『剰余価値学説史』大月書店（国民文庫）、第3分冊、166頁。

(40) *Ibid.*, 3er Teil,1968, S.290. 岡崎次郎・時永淑訳、第8分冊、105-106頁。

(41) K. Marx, *Das Kapital* I, in *MEW*, Bd.23, S.649. 岡崎次郎訳『資本論』大月書店、普及版、第1巻、第2分冊、811頁。

(42) *MEW*, Bd.32, S.666. 大月版『全集』第32巻、573-574頁。

(43) *Ibid.*, S.589. 同上、484頁。

(44) *Ibid.*, S.86f. 同上、98頁。

(45) マルクスの構えでは、$G^1—W—G^2$と自己増殖する資本とセットになった商品がフェティシュであり、これの登場を以ってフェティシュが全人格、全世界の支配者となり、そうなってしまった商品フェティシュは人間たちにはもはやいかんとも為し難く、打ち叩いて人間にもっと奉仕するフェティシュに代えることは考えられないものとなる。そのような強制力は$W^1—G—W^2$の段階には弱かった。とはいえマルクスは、商品のフェティシュ的性格は$W^1—G—W^2$の段階にも存在していると考えるのである。詳しくは『資本論』を引いて説明せねばならないが、そうした論証は、ここでは割愛する。なお、『資本論』を使っての商品フェティシズムの分析では、布村一夫『共同体の人類史像』長崎出版、1983、同『マルクスと共同体』世界書院、1986、にすぐれた叙述があるので参照のこと。

(46) フェティシズムとアニミズムとの区別をしっかりつけておかないと、例

えばマリノフスキーの次のような発言が平気でなされることになる。「どちらも無意味なことばである『呪物崇拝』と『悪魔崇拝』という概念は、汎霊観の概念にとって代わられた」。マリノフスキー著、寺田和夫・増田義郎訳「西太平洋の遠洋航海者」、『世界の名著59』中央公論社、1967、76頁。

(47) 因みに、マルクスは『資本論』の中では商品を「崇拝する」とは表現していない。そのわけは、彼は商品フェティシズムを宗教と見做していないからである。それに対し『ライン新聞』時代のマルクスは、先史のフェティシズムについては、これを宗教の原初的形態と見做したが故に崇拝と考えたのであろう。だが本当のところは、先史フェティシズムも宗教ではない。況や宗教の粗野な形態でもない。宗教とは、物象化現象の一側面であって、文明に属するものなのである。

(48) マルクスがド＝ブロスから逸脱した根拠の一つに、フェティシズムの交互運動を一方の極に固定してしまったことが挙げられるのだが、このことと、次なるルネ＝ジラール著、古田幸男訳『暴力と聖なるもの』法政大学出版局、1982、の一文とを比較するのも興味深い。「ギリシア悲劇では一切が交互的である。けれどもまた、その交互性を一方の極で固定しようとする、我々人間の、いかんともなし難い常に積極的な精神傾向もあるのである。厳密に言えばこの精神傾向か神話の傾向であって、主役たちの擬一性格決定をおこない、めまぐるしく変る対決を、固定した差異に変形するのは、その精神傾向である」。(235頁)

(49) 『資本論』第1巻段階までのマルクス、それにエンゲルスは、モーガンが研究して解明しつつあった原始共同体（氏族と部族）でなく、これが多少とも解体過程に入った段階、布村一夫のいう〝農耕共同体〟を以って始原としたため、〝自然生的共同体〟間にも商品交換を想定した。例えば『反デューリング論』でエンゲルスは次のように述べている。「だいたい私的所有は、強奪や暴力の結果として歴史に登場してくるものではけっしてない。その反対である。それは、或る種の対象に限られてはいても、すでにすべての文化民族の太古の自然生的な共同体に存在する。それは、すでにこれらの共同体の内部で、初めは外部の人間との交換において、商品の形態にまで発展する」。*MEW*, Bd. 20, S. 150. 大月版『全集』第20巻、167-168頁。このような構えでは、フェティシズムは当初からネガティヴなものとして出発するほかはない。氏族の解体（その開始）を前提とした〝農耕共産体〟については布村一夫『マルクスと共同体』22頁以下をみよ。

(50) *MEW*, Bd 32, S.42. 大月版『全集』第32巻、36-37頁。
(51) *Ibid.*, S.51. 同上、43頁。
(52) *Ibid.*, Bd.33, S.25. 同上、第33巻、24頁。
(53) *Ibid.*, S.28. 同上、27頁。

(54) コヴァレフスキーが最初にマルクスと会ったのは1875年のことであるが、詳しくは布村一夫『マルクスと共同体』115頁以下をみよ。
(55) L・H・モーガン著、青山道夫訳『古代社会』上巻、岩波文庫、26頁。
(56) 同上、61頁。
(57) *The Ethnological Notebooks of Karl Marx*, ed. L. Krader, Assen 1972, Part 1 *Marx's Excerpts from Lewis Henry Morgan Ancient Society*, pp. 95-241.（本文は97頁から始まる）　クレーダー編、布村一夫訳『マルクス古代社会ノート』未来社、1頁以降参照。
(58) *Ibid.*, p.130. 布村訳、63頁。
(59) *Die Urgesellscnaft*, Verlag Andreas Achenbach Lollary/ Lahn (NachdrucK der Ausgabe Stuttgart 1908), S.294. なお、文中のサンコニアトンの証言（ダッシュではさまれた部分）はギリシア語で綴られており、その箇所の邦訳にあたっては京都大学の藤縄謙三教授に貴重なアドヴァイスをいただいた。すなわち、原文では主文の主語が省略されているので、「当時の人びとは」と補うべきこと、そうすることで「誰それは—という母の子どもだ」と言っていたことがわかること等である。そのことをここに記し、教授に謝意を表したい。なお、そのギリシア語の箇所をエウセビオスの前掲イギリス語訳版において確認すると、次のように記されている。˵and they got their names, he says, from their mothers, as the women in those days had free intercourse with any whom they met.˶ Eusebius, *ibid.*, Book I, Chap. X, in Vol.1, p.39.
(60) 『古代社会』には、ギリシア語が削除された代わりに「Orelli 著作の16ページ」と指示されている。（青山訳、下巻、109頁参照。ただし Orell と誤記されている。）ここに示されたオレリとは、スイスの文献学者にして古典の刊行者であるヨーハン＝カスパー＝オレリ（Johann Caspar von Orelli, 1787-1849）のことである。なお、オレリの名はフォイエルバッハの『神統記』（1857）にもみえ、そこにはオレリの著作『古代のギリシア人たちの小著作集（*Opuscula Graecorum veterorum*）』が示されている。ただし、シュッフェンハウアー版のフォイエルバッハ全集では Orellius と綴られている。Vgl.L.*Feuerbach Gesammelte Werke*, Bd.6, S.82, S.117.
(61) 私はクルティウスの著作全体を、ドイツ語原典でもイギリス語訳版でも、直接読んでいないので、クルティウスがどのような資料からサンコニアトンを知ったかを掴むことができない。しかし推測するに、エウセビオスからであろう。
(62) Krader (ed.), *op. cit.*, p.189, p.190-191. 布村訳、170、173頁。
(63) *Ibid.*, p.202, 同上、195頁。
(64) John Lubbock, *The Origin of Civilisation and the Primitive Condition of Man*, edited and with an Introduction by Peter Rivière, University of Chicago Press, Chicago and London, 1978, pp. ix-xii. このシカゴ版は初版

（1870）のリプリントであり、マルクスが読んだものと同一版のリプリントである。因みに、初版刊行年のうちに増補第2版が刊行されたが（Second Edition, with Additions, London, Longmans, Green, And Co., 1870）、それと対比してみても、ここに引いた著述に変更はない。またFetichismとIdolatryに関する索引にしても、増補のため頁数は異なっているが、それ以外に変更はない。なお、上記ラボック原典2点は井上五郎氏のご配慮によって参照することができた。記して感謝の意を表したい。

(65)　ラボック著作中にサンコニアトンが出てくるのはこの箇所のみだが、ド＝ブロスへの言及、その引用は幾つか確認される。例えばフランス語版『フェティシュ諸神の崇拝』51、144、145、155、169頁など。

(66)　*Marx's Excerpts from John Lubbock, The Origin of Civilisation*, in L. Krader ed., *op. cit.*, p.339. 大月版『全集』補巻4、547頁。

(67)　J. Lubbock, *op. cit.*, p.119.

(68)　*Marx's Excerpts.*, p.342. 大月版『全集』補巻4、551頁。

(69)　*Ibid.*, p.342. 同上、552頁

(70)　J. Lubbock, *op. cit.*, p.225. Marx's Excerpts., p.343. 同上、552-553頁。

(71)　*Marx's Excerpts.*, p.344. 同上、554頁。

第2章　フェティシズム史学の樹立にむけて

1　唯物史観の原始無理解

　ド=ブロス同時代人ルソーから、サン=シモン、コントとサン=シモン派、ヘーゲル、フォイエルバッハ、マルクスまで様ざまな先史信仰言及者のうち、直接にド=ブロスのフェティシズムを読み知ったと確定できるのはマルクス1人である。また、ルロワを介してという条件を付けるならば、コントもド=ブロスに依拠したと言える。さらには、主としてそのコントから知識を吸収してフェティシズムという術語を用いたのがバザールらサン=シモン派であったと考えられるので、この派も間接的ながらド=ブロスの影響下にフェティシズムを語ったとしてよい。これに対し、サン=シモン、ヘーゲル、それにフォイエルバッハは、直接にであれ間接にであれ、ド=ブロスから養分を吸収してフェティシズム論を展開したというふうには思えない。そのうち、サン=シモンの情報源は非ド=ブロス的なヒュームであったらしい。またヘーゲルの情報源は、主としてスミスという同時代イギリス人のアフリカ探検記であった。つまり、ヘーゲルの場合はド=ブロスの定義、ド=ブロスの造語から発したのでなく、16世紀以来ヨーロッパで知られるようになった西アフリカの、フェティシュという神を拝む民間信仰という一般的諒解から出発したのである。他方、フォイエルバッハの主たる情報源はバンジャマン=コンスタン、マイナースであった。この2人は若いマルクスの「ボン・ノート」に綴られた著者と一致するが、マルクスと違ってフォイエルバッハは、すでに独自のフェティシズム論—結果的な表現であって、彼においては独自のゲッツェンディーンスト論—を築いたあとにフェティシズムという術語に注目しただけである。よってフォイエルバッハのフェティシズム論もド=ブロスに発するとは結論できない。
　影響の濃淡を系譜的に追ってみれば以上のことが言えるとしても、ド=ブロスがフェティシズムと名付けた精神運動に関する内容の咀嚼とその深化の点からみれば、ド=ブロスの一番弟子はフォイエルバッハということになる。ルソーからマルクスまでの原始信仰論者中、野生人の信仰をポジティヴに、すなわち交互的に捉えた思想家の先駆はルソーである。また、若いマル

クスと老いたマルクスも野生人の推理力を高く評価した。だが、フェティシズム現像―交互―を人類史の全般に、普遍的に存在するものであると当初から意識的に見抜いていたのはフォイエルバッハ唯一人である。この意識はド＝ブロスからの逸脱でなく、その拡張・深化である。その点、フェティシズムを大々的に論じた二人の19世紀人、コントとマルクスは、むしろ後塵に拝す。この二人はそろって、若い頃と老いてからの２回、ポジティヴ・フェティシズムを唱えるが、フェティシズムが人類史を説明する根本原理であると意識していたわけではない。なるほどコントは死の数年前、４巻からなる『実証政治体系』(1851-54)を刊行し、フェティシズム再興を唱えはするが、それはユマニテの上昇的進化の最終段階としてのフェティシズムである。彼においては人類史の初発と最終局面の２回、フェティシズムが登場するのである。またマルクスの場合は、死の数年前、一連の先史社会関係文献の読書を通じて、交互を特徴とするフェティシズムに再度たち戻るのではあるが、『資本論』へ至るマルクスに、交互は意識されず、フェティシズムとはもっぱら転倒であった。また、書かれたものを目にする限り、マルクスのポジティヴ・フェティシズムは先史に限定されていた。その点、フォイエルバッハのフェティシズム論は群を抜くのである。だが、コントは措くとして、マルクスの場合、一つの推理を前提することによって、フォイエルバッハと同じようにフェティシズムを人類史の全般に、普遍的に存在するものと考えていた、と結論することができる。その推理とは次のものである。晩年に至って先史社会に関する民族学的研究をおし進める過程で、マルクスの脳裡にはフェティシズムはたんなる宗教、観念でなく或る種の制度、社会組織のことを指すとの意識が生まれたであろうと、私は推測する。その根拠は、母権とトーテミズム[1]とを、マルクスが先端的に学んだことである。そうであるならば、マルクスとエンゲルスとが協同して樹立した唯物史観における先史の説明にも、当然変更が加えられねばならないことになる。その作業を老マルクスが完遂しておれば、彼の歴史観・社会観は、フェティシズム史観・フェティシュ史観として人類史の全体を貫いて説明し得るものとなったはずである。原初的信仰としてのフェティシズムが実はたんなる観念の運動ではなく、先史の人類とその労働を律する原理にして一つの社会制度であったとする結論が導かれておれば、フェティシズムはただに文明（転倒とその現実態たる商品→資本制社会）を解明するだけでなく、先史（交互とその現実態たるフェティシュ諸神→氏族制社会）を解明する、いや、先史から文明を説明す

る、根本の原理となったはずである。

　なるほど人は言うかもしれない。唯物史観における先史の説明は老エンゲルスが果たした、と。しかし、先史社会に関するエンゲルス的解決はマルクスが意図していたものと微妙にずれている。総じて、エンゲルスはフェティシズムにうとい。私は、『ラボック・ノート』を執ったあとの、1883年3月14日以降のマルクスならきっと先史社会をこのように叙述しただろうとの予想を、以下で立ててみることにする。しかしその予想の内容を、生前のマルクスに負わせることはできない。そのための確定的な証拠がないからである。

　いま、エンゲルスはフェティシズムにうといと述べたが、そのようなエンゲルスではあっても、1878年『反デューリング論（Anti-Dühring）』の中で、唯物史観の立場から次のような記述を行なって、フェティシズムのとば口までは至っている。

> 「ところで、いっさいの宗教は、人間の日常生活を支配する外的な諸力が、人間の頭の中に空想的に反映されたものにほかならず、この反映の中では、地上の諸力が天上の形態をとる。歴史の初期にはまず最初に自然の力がこういう反映の対象となり、（中略）しかしやがて、自然の諸力と並んで社会的な諸力も作用するようになる。この社会的な諸力も、自然的な諸力と同様外的なものとして、また初めは同様に不可解なものとして、人間に対立し、外見上同じ自然性をもって人間を支配する」[2]。

　とば口まででしかなく、中へ入っていない。唯物史観による先史の説明はここまでなのである。それはフェティシズム史観にとって必要条件ではあるが、必要十分条件ではない。自然的諸力・社会的諸力が神となり先史人を支配する。そのような説明で満足していられないからこそ、老マルクスの奮闘が始まったとみるべきであろう。とはいえ、エンゲルスが『反デューリング論』を刊行した1878年段階では、エンゲルスはモーガンを知らないのである。まだ依然として「これまでのすべての歴史は階級闘争の歴史であった」[3]と綴っていたくらいである。この条りを「これまでのすべての歴史は、先史状態を別とすれば、階級闘争の歴史であった」と訂正することになるのは、1883年『空想から科学への社会主義の発展』初版においてのことである[4]。ところで、この名文句が最初に発せられたのは1848年2月刊のマルクス・

エンゲルス共著『共産党宣言』—私は『共産主義者宣言』と訳すが—においてである。ということは、通説によるとこの両者が 1845-46 年起草の『ドイツ・イデオロギー』で確定したとされる唯物史観は、こと人類の先史社会については 40 年近くのあいだ無理解であったということである。そのことを告白するかのように、1888 年になって老エンゲルスは、『共産党宣言』イギリス語版への注記の中で、次のように記している。

> 「1847 年には社会の先史（Die Vorgeschichte der Gesellschaft）、すなわちすべての記録された歴史の前にあった社会組織は、まだほとんど知られていなかった。その後ハクストハウゼンは、ロシアにおける土地の共有制を発見し、マウラーは、土地の共有制がすべてのチュートン部族の歴史的出発の社会的基礎であったことを立証した。そして次第に、土地共有制をともなった村落共同体が、インドからアイルランドにわたって、社会の原始的形態であったことがわかってきた。そしてついに、この原始共産社会の内部組織が、氏族（Gens）の真の性質と部族（Stamm）内におけるその位置についての、モーガンの輝かしい発見によって、典型的なかたちで明らかにされた。この原始共同体の解体とともに、別べつの、ついには相対立する諸段級への社会の分裂が始まる。
> 　私はこの解体過程を、『家族・私有財産および国家の起原』において跡づけようと試みた(5)」。

1848 年以前のマルクス・エンゲルスは、未だ人類の先史段階の社会組織を正確の捉えていなかったのだから、

『ドイツ・イデオロギー』に綴られた一節「諸個人が何であるかということ、それは彼らの生産の物質的諸条件に依属する(6)」も、こと先史人類に関しては何も規定していないに等しいのであった(7)。そうであるからこそマルクスは、やがて 1870 年代後半に至り、マウラー、コヴァレフスキー、モーガン、メーン等を通じて原始を再学習し、『マウラー・ノート』『コヴァレフスキー・ノート』それに『古代社会ノート』を書き記し、またその成果の一端をヴェラ＝ザスーリチへの手紙に綴ることになった。だがその老マルクスは、1883 年 3 月に没する。そこで、彼の遺志は老エンゲルスによって受継がれることとなった。その成果としてこんにち我々が接するものこそ、かの『家族・私有財産および国家の起原』（1884）なのである。

では、老エンゲルスは、マルクスの遺言をどのように執行したか。この問題はすこぶる興味深い。というのも既述した通り、先史社会に関して老エンゲルスと老マルクスとは、相互に微妙なところで、しかしながらマルクス主義の後継者を育てあげるにあたっては決定的なところで、思想的なギャップを無自覚に備えており、そのため老マルクスの遺志は、老エンゲルスによっては完遂されなかったからである。その際、この二人の老思想家間に介在した微妙な思想的ギャップとは、以下のものである。——太古の人類社会（das ursprüngliche Gemeinwesen）は、モーガンの研究によれば共産的なのだから、社会的な力の物像化が生じていない段階である（第一命題としておく）。したがって、その段階では諸個人の活動、原始労働、すなわち物質的生産を以って「歴史発展の主要契機の一つ」とすることはできない。原始共同体では、「社会的活動のこういう自己膠着、〈私〔自身〕の〉我々自身の生産物が〈私を〉我々を制御する一つの〈威力〉物象的な強力に（zu emer〈Macht〉sachlichen Gewalt）なるこの凝固——それは〈私の〉我々の統御をはみだし、〈私の〉我々の予期に齟齬をきたしめ、〈私の〉我々の目算を狂わせる底のものだが——これこそ〈現在の社〔会的〕〉従来の歴史的発展における主要契機の一つである」ような凝固は生じていない。では、原始社会を説明するのに、何を端緒（Anfang）とすべきか。『資本論』が商品をAnfangとして述べられた作品であるとするなら、〝先史社会論〟は何を原理とすべきであろうか。マルクスとエンゲルスとは、ここまでの詰め寄りでは共同歩調をとった。つまり、原始共同体は商品では説明できない。ゆえに太古の社会における諸個人の力に関しても、それが社会的な力となった際に物象化現象を、自己膠着化現象を生ずるという説明は採用できない（第一命題のヴァリエーション）。となれば…。そこでエンゲルスは、モーガンの進化主義学説を受け入れ、「自然淘汰の法則」を原始労働を律する原理、原始共同体の発展原理とした（第二命題とする）。だがマルクスは、老いてモーガンの前にこうべを垂れる際に、同時に、若き日々にド＝ブロス著『フェティシュ諸神の崇拝』をドイツ語訳で読書した頃の自分自身にも、こうべを垂れたのであった。それによって老マルクスは、シュタムとゲンスとの相違についての決定的な真理をモーガンから学習するとともに、ド＝ブロスに学んで以来のフェティシズムをモーガン学習およびラボックの『文明の起原』読書の過程で再度捉えかえした。そうしてついに、先史社会の発展の主要契機、原始労働を究極的に律する原理を「フェティシズム」に見いだしたのである（第三命題とす

る)。と同時に彼は、原始労働(物質的生産)とフェティシズムを、相互依存的にもみたてた(第三命題のヴァリエーション)。だが、マルクスは、はたしてこの境地に立ったか立だなかったかを表明する機会を得られぬまま、ラボック読書から4箇月で没した。ことの成行上、おそらく原始共同体と原始労働をフェティシズムによって説明することになるはずの老マルクスを、我々は1883年3月、永久に失った。よってマルクス独自の〝先史社会論〟は樹立されなかったのである。さらには、彼に代わって先史社会を説明した老エンゲルスはどうかといえば、彼はフェティシズムにでなく、自然淘汰の法則に依拠した。だから、マルクスの遺言がそのままのかたちで完遂される可能性は、ついに消滅したのである。というのも、なるほどエンゲルスの先史説明はおかしい、自然淘汰による説明は誤っているという批判がのちにマルクス主義陣営から提起されたが、その根拠は、原始共同体をも物質的生産の自己膠着によって説明できるとするものである。これは文明ないし物象化現象で先史ないしフェティシズムを説明しようとする、転倒した発想である(第四命題)。エンゲルスを曲解した上でのこのエンゲルス批判(第四命題)は、ハインリヒ=クーノー(Heinrich Cunow, 1862-1936)を嚆矢とする。

　そのようなわけで、老マルクス──『資本論』の壮マルクスではない──が掴みかけたフェティシズムは、のちのマルクス主義者によってはまったく相手にされなかったのだが、私が知る限りでは、非マルクス主義者の中になら、不思議なほど老マルクスの遺志を補完的に継いでくれた人物が一人いる。それはエミール=デュルケム(Emile Durkheim, 1858-1917)である。この二人のユダヤ系思索家の間にフェティシズムを置いてみると、右のごとき不思議事が不思議事でなくなるから、不思議である。

　よって、以下ではエンゲルス、クーノー、それにデュルケムの先史社会論および原始労働観をとりあげて、三者の差異を強調してみることにする。そのあと最終的に、老マルクスをデュルケムに結びつけてみたい。

2　エンゲルス・クーノー・デュルケムの差異

　わが邦では、エンゲルスやデュルケムの名とその業績はよく知られているが、クーノーのことは、一部の民族学者や経済学者を除いて、ほとんど知られていない。晩年のエンゲルスにたいへん期待され、またそれだけの仕事も果たしたこのマルクス主義研究者は、しかし私の立場から見れば、たいへ

んな誤ちをおかしているのである。私は、先史社会論や民族学の分野では素人中の素人にすぎないが、この分野の玄人たちを一瞥すれば、そこにはクーノー派が多く見いだされる。この分野でマルクス主義の立場にある研究者の大半がクーノー主義者といっていい。いかに素人中の素人とはいえ、フェティシズム史観で先史を説明しようとする私が唯物史観の先史社会論としていまエンゲルス理論とクーノー理論を検討するに際しては、モーガン・エンゲルス派かクーノー派か、そのどちらか一方に偏した業績に依拠することはできない。ここでは、双方を等分にして説明してくれているすぐれた研究書、江守五夫『家族の起源、エンゲルス「家族、私有財産および国家の起源」と現代民族学』（九州大学出版会、1985）を手掛りとする。私は、この著作にみられる江守の柔軟な研究姿勢・学風に心から敬服する。それだけにまたここでは、相当江守批判を敢行することにもなる。

　その江守が解説するところによると、先史社会に関するエンゲルスの自然淘汰説、いわゆる《種の繁殖》命題については、「すでに19世紀末以来、議論が闘わされてきたが、わが国でも1952年から68年にかけて青山道夫教授、玉城肇教授ならびに私との間で論争が繰りひろげられたのである。青山教授と私が、《種の繁殖》の命題をもって史的唯物論の基本的立場と相容れないものとみなしたのに対して、玉城教授は私たちに反駁し、エンゲルスを擁護されたのである」。ここに述べられたわが邦民族学界での論争、いわゆる〈青山・玉城論争〉に対し、モーガン学者布村一夫翁は「不生産性」がみられると、批判的に論評している。老布村のこの批判的見地を、浅学非才の私はとうてい共有し得ないが、フェティシズム史観というわが見地から判断しても、たしかに十数年間も続いた割に、あの論争は不毛であったといえる。そのわけは、次の通りである。

　まず、対象が人間になる前段階の動物社会であればいざしらず、原始人類の社会に関して自然淘汰の法則は説明原理たりえないという線上での、江守による玉城批判は、それのみ単独の見解としてみれば正しいが、では、唯物史観の創始者たるエンゲルスが、何故に原始共同体に限って《種の繁殖》命題を当てはめたのかという問いかけと、それに対する返答については、江守著作を読み切っても、鮮明には出てこない。出てくるのは、進化主義者モーガンの自然淘汰説に依拠したからだ、ということでしかない。しかし、この種の問いかけが、とにかく江守による玉城批判文中に時折出ていることだけは確かである。だが、もう一つの問いかけ—エンゲルスは原始共同体に限っ

て、何故歴史発展の法則の要因として物質的生産を持ち出さなかったのか？
——は、江守によってはついに説明されずじまいなのである。そのあたりの事情を根拠として、私は、かの大論争は不毛であったと評しているのである。江守は言う。

> 「エンゲルスが《種の繁殖》なる契機を一つの独自の歴史的契機として設定しようと試みたのは、対偶婚家族の成立に至る全原始社会史における歴史的発展を物質的生産の歴史的契機によって解明することが<u>できなかった</u>ことに負うものではあるまいか。今日マルキシズム民族学に課せられたもっとも重大な問題は、原始血縁共同体の構造とその歴史的発展をほかならぬ原始共同体的生産様式との関連において究明することにあると言えよう」。(力点は石塚)⁽¹⁴⁾

この引用文には、アポリアが二つ見いだされる。一つは、最初の力点の部分に関連する。つまり、「できなかった」という意味を、江守は何か当時のマルクス主義における民族学的・科学的研究の水準・能力が未熟だった、及ばなかったというふうに解している点である。それは例えば、エンゲルスは「母権制の物質的基盤を明らかにしえなかった⁽¹⁵⁾」の表現に示される。ならば、21世紀のこんにち、最新のマルキシズム民族学であれば、唯物論的歴史法則によって原始・先史の説明が可能となる、とでも言いたげなのである。だが事実は、そうではない。「できなかった」という意味は、「してはならなかった」というように解さねばならないのである。したがって肝心なことは、何故「してはならなかったか？」という問いかけをエンゲルスに代わって我々が発し、その返答を得ることなのである。とはいえ老エンゲルスは、原始には物象化現象を起こすような外的な強制力、法則がはたらかないことだけはしっかりと把握し、『起原』中で次のように述べている。

> 「それ（文明）以前のすべての社会段階の生産は、本質的に共同の生産であり、同様に消費もまた、大小の共産制的共同体の内部で、生産物の直接的な分配のもとにおこなわれていた。(中略) そして、生産がこのような基礎のうえでいとなまれるかぎり、それが生産者たちの手に負えなくなったり、生産者たちに対立する妖怪じみた外的な力を生みだしたりするようなことはありえない。文明期には、そうしたことが規則的に

不可避的に生じるのであるが」。
(16)

　文明期になって「規則的に不可避的に生じる」「妖怪じみた外的な力」とは、私の言う物象化現象を指し、これをド＝ブロス的に表現すればイドラトリとなり、総じて、私の言うネガティヴ・フェティシズムの特徴を示す。文明期に特徴的な法則が原始・先史期にははたらかない以上、文明期に対する説明原理と原始・先史期に対する説明原理に相違がなければならないのは理の当然である。そうしてみると、エンゲルスはフェティシズム論のとば口に立っていたことがよくわかる。

　さて、上記江守引用文におけるもう一つのアポリアは、あとの方の力点の部分に関連する。つまり、江守は〈原始共同体的生産様式〉を、何かその後に継起するアジア的、ローマ的、ゲルマン的等の諸様式と同レベルに置いているふうな点である。先に引用したエンゲルスによる『共産党宣言』イギリス語版への注記にみられるように、原始共同体は、それ以後の社会組織と明確に区別された「社会の先史」に属している。原始共同体だけは私的所有成立以前の共産主義——いつからそうなったか、いつまでそうであったかは別問題——である。よって狭義に解釈した上での「生産様式」なる術語を、原始共同体にはつけられないのである。原始共同体とそれ以降の社会とのかかる決定的相違を無視した江守学説は、やはりアポリアに陥るほかはない。因みに江守は、「原始共同体的生産様式」という術語の示す概念を自らは説明せず、スターリン著『弁証法的唯物論と史的唯物論』等を引いて、「この語の定義は一切これらの教科書に譲ってここではふれないことにしたい」としている。とんでもない思考節約である。スターリンのかの著作ほど反マルクス的なものはほかにないというのに。理由は私の「唯物論的歴史観再考察」（『立正西洋史』第1号、1978、石塚『歴史知と学問論』社会評論社、2007、所収）に記されてある。
(17)

　ではいったい、江守学説にこのようなアポリアへと突き進むよう運命づけた真の原因は何であろうか。それはこうである。そもそも江守は、諸個人による物質的生産＝労働が存在すれば、そこに唯物史観の立場からする社会法則が同時的に成立するものと、アプリオリに決め込んでいる。それが迷宮入りの始まりなのである。江守は、エンゲルスの著作『猿が人間になるにあたっての労働の役割』を引いてきて、こう述べる。——「このエンゲルスの所説から明らかにされるように、労働手段を用いて生産に従事するものは、も

はや動物とは次元を異にする人間なのであり、そしてこの人間の社会では、『動物社会の生活法則』は社会体制とその発展を究極的に規定する要因たり得ないのであり、物質的生産こそがそれらを最終的に規定する決定的な要因なのである」。玉城批判としてこの文章を読む者は、そのままこの文章によって江守批判を実行せねばならない。『ドイツ・イデオロギー』を無視すると、こういう結果になる。1845・46年段階におけるマルクス・エンゲルスは、物質的生産一般を指して歴史発展の主要契機だとは述べていない。主要契機は、物質的生産それ自体でなく、その物象化—哲学者にわかりやすく表現すれば「疎外」現象—によって説明されているのである。人間社会が何故唯物論的に動くのか、人類の歴史を自然史化する契機は一体何かと問うたマルクス・エンゲルスは、その原因を、人間たちの自由な活動の総和である生産諸力（社会的力）が屈折して物象的な力となり、彼らに対抗するばかりか、それ自身で法則を備えた自己運動を展開する点に、求めたのである。人間も自然の一部だから、などという次元の議論でありはしない。このようなことを、私は今また詳しく説明するに及ばない。拙稿「唯物論的歴史観再考察」において、すでに屡説した通りである。太古の諸個人の物質的生産、すなわち原始労働は、なるほどエンゲルスが言ったように、動物と人間とを区分するメルクマールの一つにはなる。だが、「社会の先史」に属する原始労働は、老エンゲルスも『起原』で認めたように、物象化現象を惹起しないのである。これを伴うようになった労働は、もはや原始労働ではなく、理論上では「必然の国」[19]の労働に組み込まれることになる。江守は、この点を捉えそこねたのである。だからこそ、「私が『唯物史観』について有する見解に従えば、それは、いかなる社会的段階においても物質的生産様式が社会の発展と社会体制の発展を条件づける基本的要因であるという観方であって、そのような歴史観が妥当しない人類社会は存在しなかったとみなされるのであり（云々）」[20]（力点は江守）と発言できたのである。

　そのような誤ちをおかしたままの江守は、したがって、根本的なところで、エンゲルスとクーノーとを捉えそこなっている。まずエンゲルスであるが、彼は原始・先史すなわち私的所有確立以前に、歴史発展法則の要因として物質的生産一般をあてがってはならなかったが故に、それを敢行することは唯物史観に反するが故に、時を同じくして登場してきたダーウィニズムに依拠して原始・先史を説明したのである。物象化現象が生ずる以前の社会をエンゲルスは、積極的に自然淘汰の理論に依拠して説明したのである。ゆえ

に、唯物史観の立場からみたなら、エンゲルスは首尾一貫していた。ところが、クーノーは唯物史観の社会法則を原始にまで拡張して、反マルクスの理論的立場に移行した。クーノーいわく、

> 「最古の家族諸関係や原始時代の家族諸制度を問題にする限り、こうした関連性（経済制度と家族制度との間に生ずる一定の関連性）はまったく無視される。ここでは経済的な原因ではもはやなく、自然のままの家族生活を規定するような生殖への両性の関与とか母性の意義などに関する諸見解がにわかに意味を持つようになる。エンゲルスですら、右に挙げた著作（『家族、私有財産および国家の起原』）の序文において、『生活資料の生産』と並んで、社会生活の同権的な規定要因として『人間の生産、類の繁殖』を掲げ、その際これを家族組織と一致させることによって、かの最も古い時代については唯物論的歴史観の一般的妥当性を本質的に制限せねばならないと考えた。その上彼は、原始時代の社会秩序では、食物の獲得よりはるかに大きな意義を家族の紐帯に与える。氏族制度の崩壊によってはじめて—彼の言うところでは—『家族の秩序がすっかり所有の秩序によって支配』されるのである」[21]。

唯物史観に反していたのは、実はエンゲルスでなくクーノーであった。原始・先史を物質的生産（の物象化）で説明しようとしないエンゲルスが正しいマルクス主義者であって、そのように説明しようとするクーノーが反マルクス主義者なのである。この事実を、江守ほか数多くの民族学者・家族史研究者が、いや内外ほとんどのマルクス主義歴史学者が見逃している。その事実の上に立って、エンゲルスの命題《種の繁殖》があらためて批判されねばならない。その作業は、老マルクスが志なかばで没してしまった以上、当然別人が、マルクスほどに賢明な後代の人物が敢行することになった。その人物こそ、フェティシズムで原始・先史社会論を構築せんとしたエミール＝デュルケムである。

デュルケムは、独仏国境に近いウォージェ県の小都市エピナールに生まれ、家は代々ユダヤ教のラビであった。ゆえに、彼の生い立ちは、彼より40年前に生を受けたマルクスのそれと似ている。マルクスもまた独仏国境に近いモーゼル河畔の都市トリーアに生まれ、家は代々ユダヤ教のラビ—父は弁護士—であった。そのようなアナロジーがどの程度ここでの議論に役立

つかはわからないが、ユダヤ系フランス人のデュルケムとユダヤ系ドイツ人のマルクスとの間に何がしかの因縁があることは、このあと結論を述べる部分で示される。

さて、デュルケムは〈社会的分業論（*De la division du travail social*）〉(1893)、『社会学的方法の規準（*Les Règles de la méthode sociologique*）』(1895) から『宗教生活の原初形態（*Les Formes élementaires de la Vie religieuse*）』(1921) に至るまで数々の労作を起草し、また彼の死後にも『社会学講義―習俗と法の物理学（*Leçons de sociologie : Physique des moeurs et du droit*）』ほか幾つかの講義ノートが刊行されたが、その中に、いわゆる家族論ないし先史社会論、家族発生史論としてまとめられた著作はない。ない理由は、デュルケムがこの分野について仕事をしなかったのではなく、意識的に、弟子たちに命じてまで、それに関する論文集を刊行しないように努めたためである。だが、デュルケムの家族論―とりわけ「近親婚の禁止とその起原（*La prohibition de l'inceste et ses origines*）」(1898) ―は、フロイト、マリノフスキー、セリグマン、レヴィ＝ストロースそのほかに多大な影響を及ぼすことになり、そのこともあって、デュルケムの先史社会論はつとに欧米の社会学者、人類学者、心理学者にすこぶる豊かな情報を提供してきたのである。かく言うわたしは、まず以ってわが尊敬するモーガン学者布村一夫翁によってデュルケム学習の道を開かれ、次いで最近、ルソー、サソ＝シモン研究者の中村秀一によって、デュルケム読書をいっそう強く深くおしすすめる契機を与えられた。その過程で私は、小関藤一郎の訳編になる『デュルケーム家族論集』（川島書店、1972）につきあだったのである。デュルケム本人が差し控えた家族論の単行本化を敢えて実行してくれた小関に深く感謝する。

この論集には（ⅰ）「家族社会学序論（*Introduction à la sociologie de la famille*）」(1888)、（ⅱ）「近親婚の禁止とその起源（*La prohibition de l'inceste et ses origines*）」(1898)、（ⅲ）「『家族の形態と経済の形態』について（Ernest Grosse; *Die Formen der Familien und die Formen der Wirtschaft*）」（グロッセ著作の紹介、1898）、（ⅳ）「オーストラリア先住民社会における婚姻組織（*Sur l'organisation matrimoniale des sociétés australiennes*）」(1903-4)、（ⅴ）（夫婦家族（*Famille conjugale*））」(1920、没後発表)、（ⅵ）「夫婦の合意による離婚（*Le divorce par consentement mutuell*）」(1906) の 6 篇が収められているが、そのうちまずは第 2 論文に注目したい。その中でデュルケムは、先史社会について、バッハオーフェンとモーガンが想定した集団婚を完全否定して―も

ちろんエンゲルスからクーノーまでをも学んだ上で──、もっぱらトーテムを軸にして母系制氏族を立証せんとする。「トーテムは神であり、トーテミズムは崇拝であるから、族外婚の原因はむしろ未開社会の宗教的信念の中に求められるべきではないであろうか」。そこから一歩進んで、デュルケムは言う。

> 「トーテム存在は氏族に内在的なものである。それは個人のうちに具現されており、血のうちに宿っているのである。それ自身が血でもある。しかしトーテム存在は祖先であるとともに神である。それは集団の守護者として生まれたが、さらに真の崇拝の対象にまで高まっている。それは氏族に固有な宗教の中心である。そして個人の運命も集団の運命もこのトーテム存在にかかっている。したがって、各個人的有機体の中に神があり(なぜなら神は各人の中に全体として保持されている)、そして神が宿っているのはこの血の中である。したがって、血は神的な事物である。血が流出するとき神は拡まっていく。他方また、我々はタブーがすべて神的なものに対して与えられた刻印であることを知っている」。

この文脈の先においてデュルケムは、「血はただ女性によって、しかも女性のみによって伝達された」ことから、女性の血が男性の血「より高度の宗教的価値を獲得し」たとするのである。そしてまた「トーテムはそれを信ずる者にとってしか神聖ではない」ことを根拠にして、「族外婚が、氏族の内部だけに限られる」点を証明している。こうしてデュルケムは、トーテム存在＝女性の血＝神的事物＝タブー(禁忌)→族外婚の形成、を説いたのであった。

次いで、グロッセ著作を紹介した第3論文では、「低次段階の農業民族は必ずしも狩猟や牧畜などの段階から発展したものではなく、したがって文明が高次であるわけでもない。それらは人類発展の別の系統に属するのである」と述べ単系的進化主義を批判した上で、「家族(とくに発生期のそれ)という特別な場合に関しては経済的唯物論の欠陥はきわめて明瞭である。同じ類型の家族が少なくともその主要特徴についてみるかぎり非常に異なった経済体制の下においてみられるのである」として、マルクス主義民族学を批判する。そしてグロッセに対し、「彼は氏族とトーテムの緊密な関係を見誤っていた」と結論付けたのであった。

そのほか第5論文でデュルケムは、家父長家族に先行する原始社会は「家族的共産主義」であったとし、それは「原初においては、親族関係者のすべてにわたって拡がっており（云々）⁽²⁸⁾」としている。こうした主張に、もう１つデュルケム主著『宗教生活の原初形態』に綴られた次の一文「人は自らが聖界に属している⁽²⁹⁾」と、「満足のできない呪物（フェティシュ）は打たれる。ついに呪物がその崇拝者の祈願に対してより柔順なことを示すようになればこれと相和するだけである⁽³⁰⁾」を付け加えれば、デュルケムの原始社会論は、本書のテーマに即する限り、あらかた骨格を示し得たことになろう。

　デュルケムは相当バッハオーフェン・モーガンに学んでいる。シュタム（トライブ）とゲンス（クラン）の区別をしっかりつけている点などからみて、デュルケムはサン＝シモンやコントの弟子であると同程度にモーガニアンでもあったのである。だが近しい者同士ほど互いの区別をつけたがる。その区別項の最たるものが、集団婚の否定とトーテムによる氏族原理の説明なのであった。その際重要なことは、トーテム（宗教）は社会（制度）でもあるということである。また宗教（神）は─デュルケムの説明では─原始人・先史人が自然を克服するための武器として創り出したもので、それ故、役立たずとなった神は打たれるということ、神聖なのはまず以って原始人・先史人たち自身なのだということである。そのような、自らの物理的な力（社会制度）でありかつ精神的な威力（宗教）でもあるトーテムから、やがてフェティシズムが形成されるようになるのだと、デュルケムは考える⁽³¹⁾。そのようなトーテムこそ、共産主義的な先史社会、氏族を律する原理であった。そこで、このようなトーテム原理が生じる根本は何かと問えば、デュルケムにおいてはこうなる。「宗教力は氏族の無名な集合力以外のものではなく（云々）⁽³²⁾」。すなわち、原始労働とその組織体＝氏族が、宗教力＝トーテムを生み出しているのである。デュルケムが想定する原始・先史の諸個人は、自由な活動の中にあって、その自由を保護する制度として母系制原理・族外婚に基づく氏族社会を創り出したのである。神は畏怖・回避の対象である分だけ保護者でもあって、神と人間とは相互依存的であった。なぜなら、神とは、実は諸個人が集まって創り出した人類社会＝氏族そのものだったのだから⁽³³⁾。そこに、諸個人の活動（原始労働）の総和たる社会的な力の物象化は、未だ確認されない（第一命題）。ただ特徴的なことは、この先史共産社会に、デュルケムは母系制こそ強く認めるものの、母権をこれまた強く否定していることである。その点は江守五夫『母権と父権』（弘文堂、1973）や家族史研

究会刊行の『女性史研究』誌（1975創刊）から多くを学んだ私にとって、一つの疑問ではあるが、ここではその点に深入りせず、先へ進もう。[34]

3　原始労働を律するもの

　以上で原始共同体を説明する原理に関し、エンゲルス、クーノー、デュルケムの三者において三様のものを確認した。すなわち第一にエンゲルスにおける自然淘汰法則ないし《種の繁殖》命題。第二にクーノーにおける物質的生産一般ないし唯物論的歴史法則。第三にデュルケムにおけるトーテミズムないしその発展たるフェティシズム。ただし、三者とも、原始社会を構成する者を動物とは見做さず、人間と見做している点で共通しているし、三者とも動物と人間との区別項を〝労働〟に設定している点も共通している。

　ところで、原始共同体の説明原理としての以上三者のうち、エンゲルスの立場は、けっきょくのところ原始・先史人類を貶めて、彼らを動物的なレベルのものと見做す要因を孕んでいるとのことで江守の批判をうけた。また三者のうちクーノーの立場は、私的所有発生前の、「社会の先史」たる原始共同体における諸個人の活動は未だ物象化前のものだから唯物論的な社会法則を生み出さないとのことで、私の批判をうけた。そうすると、三者中唯一つ残るデュルケムの立場については、いかなる反論を想定し得るであろうか。その問題をここで検討しよう。

　前節に紹介したデュルケムによる族外婚の説明、トーテミズムと氏族との関係設定について、これは原始・先史人の集団観念が物質的諸関係を規定するものであって、因果を逆転させた理論だ、との批判がまず以って出てくるであろう。だが、こうした反論は当たっていない。理由はもうすでに述べてある。けれどもそれだけでは未だ納得できない読者は多いであろう。そこで、このような反論に対し、私は、老マルクスとデュルケムの双方を弁護するかたちで、いまいちど詳しい説明を行ないたい。

　肝心な問題は、デュルケムが捉えた宗教、ないし原初的信仰としてのトーテミズムの内実である。デュルケムは述べる。

「社会が自ら神となる、あるいは神々を創造する傾向を、フランス革命の初年においてほど明らかに見うるところはない」[35]。
「神とは、物質的形態の下に具現され、実体化された集合的諸力にほか

ならない。根本において、信者たちの崇拝しているものは社会であり、神の人間に対する優越性は、集団のその成員に対するそれにほかならない」。
(36)

「宗教が人々を自己破壊への欲求から守ってくれるのは、宗教が一種独特の論理で人格尊重を説くからではなく、宗教が一つの社会だからなのである。この社会を構成しているのが、すべての信者に共通の、伝統的な、またそれだけに強制的な、一定の信仰と儀礼の存在にほかならない」。
(37)

〝神とは社会にほかならない〟〝宗教は一つの社会である〟という上述の諸テーゼは、もう殆ど、〝神とは人間の本質にほかならない〟というテーゼとたがわない。そうだ、デュルケムのこの宗教論は、あのルートヴィヒ＝フォイエルバッハの『キリスト教の本質』と、或る部分で類似している。すなわち、両人とも、神を人間（類ないし集合力）が創ったものであるとしている点である。違うのは、フォイエルバッハがキリスト教を自己疎外の論理で否定するのに対し、デュルケムの方は自己同一の論理で肯定している点である。ただし、フォイエルバッハは自然信仰にはポジティヴな側面を認め、これを否定してはいない。善や真なるものを尊崇する原初的信仰を、フォイエルバッハは高く評価している。そうしてみると、デュルケムとフォイエルバッハの親近性はいちだんと強いものであることがわかる。またさらに、デュルケムにあっては、フォイエルバッハと類似して、人間は聖なる存在であり、神と同等か、場合によったなら神を投げ棄てる存在だということである。デュルケムにおける人間は、自己に奉仕する神――先史人ならばフェティシュ――を崇め、拝み、畏怖の念からこれを避けるが、自己に奉仕しなくなった神については、打ち叩くのである。フォイエルバッハはアレゴリーと化した段階の宗教＝キリスト教を否定し、神と人間との逆転した関係をふたたびひっくり返すことによって人間を高めんとする。デュルケムは社会（制度）としての宗教を肯定し、その時どきの人間の生に奉仕する神のみを認めることによって人間を高めんとする。ただし、デュルケムにあっては、元来トーテミズム（信仰・儀礼）から出発した宗教は、〝道徳〟と同じものであり、それはやがてフェティシズムとなり、その後様ざまな形態を産み出すものの、ついに科学を産み出すものとされている点に、この際留意したい。

「科学思想は、宗教思想のより完全な形態にすぎないのである。したがって、宗教は、科学が課題の遂行にさらに適合してゆくにつれて、科学を前にして漸次に後退してゆくのが、当然であると思われる(38)」。

またデュルケムは、原始・先史時代にはトーテミズムやフェティシズムが、またそれ以降の文明期にはカトリックやその他の宗教が存在し得たとしても、現代にあっては、もはや宗教は要らない、むしろ「宗教的概念にとって代る合理的な概念を、我々はあらたに発見せねばならないのである(39)」としている。だがそれでも、その主張は、宗教において原始時代から培われてきた人間道徳を世俗化せよという意味であり、「道徳にあらたな要素を加えて、これを豊かにしなければならない(40)」という意味のことである。イギリスにおける〝道徳〟がフェア・プレーの精神、ルールとしてのそれを意味するのに対し、フランスにおける〝道徳〟が全体の秩序を内在化したそれを意味する点を考慮するならば、デュルケムの言う宗教＝社会全体、道徳＝宗教の世俗化、は合点がいく。以上の内容を確認した上でなら、デュルケムを指して宗教否定論者と呼んで差支えない。そうであるとすると、デュルケムがトーテミズム（宗教）によって氏族（先史社会）の発展を説明しようとしたことは、〝集団観念による物質的諸関係の規定〟つまり因果の逆転、として一方的に非難するわけにいかない内容を含んでいることを示唆するものである。

結論に入ろう。デュルケムを読んでみて、私は、原始労働（物質的生産）とトーテミズム（信仰・儀礼）と氏族（社会制度）との三者のうち、後二者を一つのもの、すなわちトーテム社会として一括した上で、あらためて、原始労働（人間）とトーテム社会（神）との間における交互的運動を確認する。すなわち、原始人たちは、自らが生きぬくためには自然の一部を征服しなければならず、その方向でトーテムの形態のもとに集合力（社会的な力の一つ）を産み出し、これをやがてフェティシュとして拝み、畏怖するようになった。その限りで、原始労働は社会的な力としてのトーテム・フェティシュによって規定をうけている。だが原始人たちは、頼る権威としてのフェティシュがもはや存在しないと悟ったとき、これを支えることを止め、むしろこれを打ち叩き、海中へ投じたりもするのである。その限りで原始労働はフェティシュを規定しているのである。すなわち、原始労働とフェティシュとは交互規定の依存関係にある。原始社会はこの二極構造をもった、交互的運動

によって発展したのである。どちらか一方の極が異常に強力となって他の極を圧迫するようになると、必ずその反作用が生じる。これが原始人たちに自由闊達な活動を保障する枠構造なのであった。
(41)

　ところでマルクスは、ド＝ブロス著作をドイツ語訳で読み『フェティシズム・ノート』を執った若い頃、初めて神がみと人間との間に存する、以上のごとき交互的運動を確認した。その印象は、その後、初期フォイエルバッハへの一面的な傾斜を通じ、交互の一方の極における固定、すなわち疎外＝転倒によってかき消されたかに思えた。だが、やがて老境に達してモーガンおよびラボックの著作に出くわして、ふたたび彼の心中にむっくり頭をもたげたのであった。この時、老マルクスは、『資本論』へ至る壮マルクスを凌いだ。原始共同体を動かす原理は上下関係にあるのではなく水平関係であったこと、2極間の交互的関係であったこと、フェティシュ（神）と原始労働（人間）との依存関係であったこと、そのようなことども（第三命題のヴァリエーション）を、老マルクスは、とりわけ1882年10月-11月に『ラボック・ノート』（『文明の起原ノート』）を草する過程で再発見したと、私によって推定される。ここにおいてマルクスは、ようやく、フェティシュの真に何たるかを洞察し得たのである。これは、何か別の根本原理から派生した、そこから導出された現象であるというよりも、物質的生産と対をなす、2極の根本原理の片方であったのである。そして、この2種の根本原理間の交互的運動がフェティシズムなのであり、その運動の、フェティシュ（商品）の側での永久的固定が物象化なのである。だが、これは私の勝手な推定でしかない。かのラボック読書の日付をみよ、あと4、5箇月で、マルクスは没するのだ！　だから、死して無存在となったマルクスに何をも尋ねることができない。それゆえ、最後に、もう一つの推定をここで披露する。生誕200年のマルクスが私の耳もとで囁く。―社会の先史とちがって必然の王国ではいまや商品というフェティシュが一方の極で異常に強力となっているが、そろそろ賃金労働者という人間が、自らに役立たずとなって久しいそのフェティシュ、或いは当初から外国人（資本家）の神でしかなかったその商品フェティシュを投げ棄てて自由の世界へ移行すべき秋であろう、と。だからして
(42)
私には、エンゲルス・クーノーの立場を批判し得ても、デュルケムの立場はそうし得ないのであり、且つまた唯物史観を首尾一貫させたが故のエンゲルスの立場は、デュルケムを通じて補強することによって再生―第二命題から第三命題へと移行―していくように思えるのである。先に、ユダヤ人マルク

スとユダヤ人デュルケムに何がしかの因縁があると述べたのは、以上のことがらによるのである。そしてまた、この二人の遠い思想的祖先は、ユダヤ人スピノザであった気がしてならないのである。

　ところで、前章末で記したように、この章だけは純粋な書きおろしでなく、1987年に発表した「唯物史観と原始労働―エンゲルス・クーノー・デュルケムの差異」の発展的書き直し、いわば増補である。この増補作業をするにあたって、私は上掲拙稿に寄せられた研究者諸氏の批評をも参考にしている。その貴重なご意見中、石塚は「物象化」を理解するに当たって、これを狭義の次元でしか考えていないという指摘があった。「物象化」を認識―存在論の根本にかかわる普遍性において把えるならば、樹木に精霊を感じるのも、唯一神信仰も、拝金主義も、それぞれ次元を異にする物象化であって、問題は、その中での次元の相異性の如何にかかわってくるであろうと思われる、との指摘である。こうした意見が寄せられたということは、1987年の論文では、私独自のフェティシズム論が未だしっかりと、説得力をもって記述されていなかったことを意味する。フェティシズムの概念規定をきちっと整理しておくべきだったのである。そこで、「物象化」とのかかおりで私の言うフェティシズムを理解し易くするため、視覚にうったえることのできる一つの図式をつくってみた（下図参照）。

〈フェティシズムⅠ・第1次元・原始〉　　　〈フェティシズムⅡ・第2次元・文明〉
────ポジティブ・フェティシズム・『ライン新聞』時代にマルクスが注目→物象化・『資本論』の商品フェティシズム→
裸の自然物　　労働（原始労働）による自然の　社会化した自然　　　分業、すなわち　　　物象化した自然・社会
（物的実体）　　社会化と儀礼（原始信仰）によ（生産物・生産関係）　社会化した自然の　（商品・所有関係）
自然的力が　　る労働の組織化とを通じて　　　　　　　　　　　　再自然化、或いは　自然的力に再転化
　　　　　　　　　　　　　　　　　　　社会的力となり、さらに　社会・生産関係
〈力の第1形態〉　　　　　　　　　（43）　〈力の第2形態〉　　　の自然化を通じて　〈力の第3形態〉
────老マルクスを超えてわたしが提示するフェティシズム〈フェティシズムⅢ・第3次元〉────→
商品世界では□内はあたかも存在しないかに映る。

　これを参考にしてフェティシズムと物象化の関係をみると、まず、物象化に普遍性はない。そもそも物象化は―理論上に限定するが―（i）自然の社会化（第1次元）、（ii）社会化された自然の再自然化（第2次元）の順をふむ。したがって、理論上、物象化はこの第1、第2の両契機によって制約されている。具体的には、裸の自然物→生産物（これが第1次元での変態）、および生産物→商品（これが第2次元での変態）の両者によって制約されている。それに対し、第1の契機のみによって存在する自然の社会化、自然的力（力の第1形態）から社会的力（力の第2形態）への転化、すなわちフェティ

シズム現象（フェティシズムⅠ）の方は、人類社会に普遍的に生じる。ただし、この転化（第1次元）が他をともなわず単独で全面展開した社会は原始共同体だけなので、またこの社会的現象が原始信仰＝フェティシュ信仰として現出したので、私は、社会的力とその運動のことを敢えてフェティシズムと呼ぶことにしているのである。〝物象化は原始にも生じる〟という表現は、ことの真相を曖昧にする。物象化が、第1に商品世界＝文明社会に、分業の社会に——極言すれば近代に——特徴的であるという発想に立たない限り、上の表現は出てこない。そうであるなら、文明から原始を説明することを拒否する私には、原始を「物象化」で説明することはできないのである。そうしてはならないのである。〈力の第3形態〉としての自然的力は、まず以って〈力の第1形態〉から〈力の第2形態〉への変態を経ているものである。この変態をフェティシズムと言わずに「物象化」と言うのであれば、〝物象化は文明にも生じる〟と言い換えねばならない。「物象化」の生じる固有の世界は原始だと主張せねばならない。だが、『ドイツ・イデオロギー』で物象化論が定められたのであるとすれば、このような言い換えはマルクス・エンゲルス誤読と批判されること必定である。自然的な力（物）→社会的な力（物）を、つまり或る1つの物が別のかたちの物（物的なもの）として現象することを指して、どうして「物象化」などと表現し得よう。社会的な力（諸個人の自由な活動の総和）→自然的な力であるからこそ物象化ということになるのである。

　人類は、動物から人類に転じた時以来、こんにちに至るまで、フェティシズムの世界に生きている。己れの産み出した力を社会的力としていったん手放し、これと向かい合い、これに依存する。そのような社会的力は、これを産み出した人びとに優越し、彼らの諸力を組織する。しかし人びとは、やがてその向かい合った力以上の力を培うようになり、いままで向かい合ってきた力を見棄てる。見棄てられたくなかったなら、いままで向かい合ってきたその力は、これを支える人びとの要求に見合うよう自己変革して和解しなければならない。その際、この自己変革とは、実際のところ、新たな情況に対応できるよう人びとが編成し直した社会的諸関係のこと、関係の変革のことなのである。このようにしてフェティシズム世界は、交互の運動によって展開するのである。そのような全き世界を、私はフェティシズムⅢ、フェティシズムの〈第3次元〉とする。老マルクスは、もし最晩年における彼の先史研究をさらに進展させ得ればフェティシズムⅢに逢着したであろう

と、私によってフレキシブルに推理される。このフェティシズム論にあっ⁽⁴⁷⁾て、物象化論は、それがフェティシズムの第2次元に然るべき位置を占めているのをみてもわかるように、それ自体が否定されることはない。私がフェティシズム史学・フェティシズム史観と称している独自な世界観・社会観は、以上のような内容を含んでいるのである。これは唯物史観—マルクスが生涯に亘って構築し、ついに未完に終わった史観—に立脚した、当然の帰結であると思っている。そればかりかフェティシズム史観は、原始・先史と文明とを一貫する人間精神、聖なる人間の懐くゲッツェンディーンストを発想したフォイエルバッハ思想の、忠実な後継である。原始から文明を説明することで〝一貫〟を当初から意識的にすえている点で、フェティシズム史観はマルクスによりもフォイエルバッハに近い。ド＝ブロスに発し、ルソー、サン＝シモン、コント、サン＝シモン派、ヘーゲルとさまざまなヴァリエーションを産みながら19世紀に至ったフェティシズム思想は、同世紀中にコントとフォイエルバッハ、それにマルクスによって一つの体系的な理論にまで仕上げられた。そして20世紀に入り、あたかもこの三者を統合するかのようにしてデュルケムのフェティシズム論・トーテミズム論が出現したのだが、21世紀における私のフェティシズム史観は、ド＝ブロスからデュルケムまでのこの思想圏域を、その中心から歩み出し、その圏境から一歩突き出たところに位しているものと自負している。

注
（１）「トーテム」という術語は、北アメリカの先住民アルゴンキン人のことばから採られたものとのことだが、老マルクスは、トーテミズムとは人間を動物神以下に貶めるような動物崇拝のことでなく、人間と或る種の動物とは共通の祖霊（聖なるもの）をもつということ、したがって人間とトーテムとはきわめて親近性の強い間柄であること、つまり両者とも聖なるものであることを学んだだろうか。もしそのことを学んでいれば、フェティシズムと動物崇拝との関係についても、『ライン新聞』時代の諒解点をド＝ブロス的に修正せざるを得なくなる。ところで、トーテミズムが動物崇拝と異なることを、デュルケムも別の観点から述べている。いわく、「トーテミズムを動物崇拝の一種とみることは慎まねばならない。人は自らが聖界に属しているから、自らがその名をおびている動物や植物に対して、けっして信者がその神に対するような態度をとらない。その関係は、むしろ、きわめて同一標準の、等しい価値にある二存在の関係である。せいぜいのところ、少なくとも若干の場合には、動物は神聖な事物の位階に

おいてわずかに高い地位を占めていたようだ、といえるだけである」。古野清人訳『宗教生活の原初形態』上巻、岩波文庫、244-245頁。

　フェティシズムとトーテミズムとの関係について私は、いまのところ次のような暫定的結論を得ている。すなわち、ホルド段階の原始社会では端的にフェティシズムが発生し、モーガンによって明らかにされたような氏族、部族制度が存在するようになった先史社会では個別的フェティシズムと並んで全体的なフェティシズムとしてトーテミズムが形成されたであろうということである。というのも、フェティシズム・トーテミズム両者とも、その形態からして、人類社会の最も原初的精神運動＝社会運動であると主張して、何の不都合もない位、本質的に共通しているからである。──すなわち、前者では「人は聖界に属し」ており、神は人を頼り、人は神を拝む、内に入れる。また後者では、神は人を抑え、人は神を叩くのだからである。

（２）　*MEW*, Bd.20, S.294. 大月版『全集』第20巻、325頁。なおエンゲルスは、『反デューリング論』脱稿から4年後の1882年5月に『ゾツィアル・デモクラート』誌上で発表した論文「ブルーノ＝バウアーと原始キリスト教」で、めずらしくもフェティシズムに言及するのであるが、そしてまたこれに至ってようやく原始信仰と文明宗教の差異に気を配り始めるのだが、本質的なことはわかっていない模様である。いわく、「ところで、アフリカ先住民のフェティシズムもしくはアーリア人に共通した原始宗教のような、自然生的な宗教は、欺瞞がその際或る役割を演じることなしに成立するにしても、その後発展するにつれて、祭司の虚構がまもなく避けられなくなるということは、わかりきったことである。他方、人為的な諸宗教は、そのいっさいの本心からの狂信とならんで、すでにその開教の時からして、欺瞞や歴史の偽造なしにすますことはできない」。*MEW*, Bd.19, S.297. 同上、第19巻、290頁。エンゲルスは、物象化以前の社会現象たるフェティシズムと物象化した社会の現象たる多神教や一神教を自覚的には区別していない。〈原始共産社会・原始労働・フェティシズム〉のワンセットは社会の先史に属し、有史とは決定時に相違していることを、探究しきれていないのである。

（３）　*MEW*, Bd.20, S.25. 同上、25頁。

（４）　*Ibid.*, S.610. 同上、617頁。

（５）　K. Marx/ F. Engels, *Manifest der Kommunistischen Partei*, S.42. 塩田訳『共産党宣言』、34頁。

（６）　K. Marx/ F. Engels, *Die Deutsche Ideologie*, hg.v.W. Hiromatsu, S.25. 廣松編訳、25頁。

（７）　1844年の『ミル評註』段階にあって、マルクスは、何の論証もなしに、ただ漠然と、次のような先史・野生への言及を行なっていたが、これはたいへん素直な論旨であり、老マルクスにも共通して読み取られるものとい

えよう。「だからこのような状態（野生の状態）のもとでは、人間は、自分が直接に必要とする以上のものは生産しない。彼の欲望の限度が、彼の生産の限度である。だから需要と供給は完全に一致する。彼の生産は、彼の欲望によって測られている。この場合には、交換はまったく起こらない。或いはこの場合の交換は、人間の労働とこの労働の生産物との交換に還元される。そしてこの交換が、現実の交換の潜在的な形態、萌芽である」。*MEW*, Ergänzungsband ler Teil, S.459. 大月版『全集』第40巻、379頁。

（8） ここに記した「物象化」という語の概念について、私は私なりのものを持っている。この概念はフェティシズムの一部に含まれる。本節に引用したエンゲルス『反デューリング論』の一文を用いて解説すれば次のようになる。自然的な諸力や社会的な諸力が人間に対立し、特に社会的諸力が外見上自然的諸力と同様の自然性をもって人間を支配する場合、社会的諸力に対しては、時に人間の側からその支配を拒否し、その諸力を攻撃して人間の制御下におくことでこれと和解する。このような〈支配―和解〉の交互運動がフェティシズムであるのだが、物象化は、この交互が一方の極、すなわち支配の極に固定された場合に現象するもので、私の言うネガティヴ・フェティシズムのことである。人間が自己の諸力を対象化するという段階、そしてまた対象化された自己の諸力が自己と対立するという段階はフェティシズム一般に含まれ、自己の諸力が永久的に自己と対立し、自己を支配するという段階はフェティシズム中でもネガティヴなそれを指し、これを或る時はイドラトリと称し、また或る時は物象化と称する。人間の諸力がたんに自然性をもった物的な力と化すだけでは、それを私は物象化とは呼ばない。それは運動としてのフェティシズムの一側面にすぎないのである。物象化とは、商品経済の社会に、とりわけアダム＝スミス的な予定調和の世界を経たのちの資本主義社会に特徴的な現象なのである。

（9） K. Marx/ F. Engels, *Die Deutsche Ideologie*, S.36. 廣松編訳、36頁。

（10） しかしながら、エンゲルスは、「自然の弁証法」の中で、ダーウィンが生物界に見いだした「生存競争」という語の解釈、社会への適用については、次のようにこれを厳しく吟味している。「歴史を一連の階級闘争として捉える歴史観の方が、歴史を、わずかずつしか差異のない生存闘争の諸局面にたんに還元してしまうことよりは、はるかに内容に富み、はるかに深い」。*MEW*, Bd.20, S.566. 大月版『全集』第20巻、610頁。

（11） エンゲルスは、カウツキーあて書簡（1892年3月5日付および1894年1月9日付）で次のようにクーノーを評価している。「クーノーの手紙をお返しする。どうもありがとう。彼の階級研究が待ちどおしい。ペルーの氏族関係のものの中では、彼は非常に面白いものを発見した。彼はそれらのものを僕に送ってくれたことがあって、僕も彼に礼を述べておいた」。(92年3月5日付) *MEW*, Bd.38, S.287. 同上、第38巻、247頁。「クー

ノーの著書(『オーストラリア黒人の親族組織』)はたいへん待ちどおしい。この男はその専門分野でガリ勉をやって、眼が開けている」。(94年1月9日付)*MEW*, Bd.39, S.195. 同上、第39巻、178頁。
(12)　江守五夫『家族の起源、エンゲルス「家族、私有財産および国家の起源」と現代民族学』九州大学出版会、1985、5頁。
(13)　布村一夫『マルクスと共同体』、211頁。
(14)　江守、前掲書、47頁。
(15)　同上、16頁。
(16)　エンゲルス著、戸原四郎訳『家族・私有財産・国家の起源』岩波文庫、230-231頁。
(17)　江守、前掲書、78-79頁。
(18)　同上、11頁。
(19)　エンゲルス著、寺沢恒信・山本二三丸訳『空想から科学へ』大月書店(国民文庫)、113頁。
(20)　江守、前掲書、31頁。
(21)　Heinrich Cunow, *Die ökonomischen Grundlagen der Mutterherrschaft, in Die Neue Zeit,* Jg., 16 Bd. (1897-98) S.107f. 石塚正英訳「母権支配の経済的基礎」、『女性史研究』(家族史研究会刊)、第15集、1982、15頁。
(22)　デュルケム著、小関藤一郎訳編『デュルケーム家族論集』川島書店、1972、75頁。
(23)　同上、89頁。
(24)　同上、90頁。
(25)　同上、215頁。
(26)　同上、219頁。
(27)　同上、135頁。
(28)　同上、179頁。
(29)　デュルケム著、古野清人訳『宗教生活の原初形態』岩波文庫、上巻、244頁。
(30)　同上、74頁。
(31)　同上、315-316頁。
(32)　同上、399頁。
(33)　ルネ=ジラールは次のように極言している。「宗教のない社会はない。なぜなら宗教がなければいかなる社会も存続することが不可能だからである」。古田幸男訳『暴力と聖なるもの』法政大学出版局、1982、351頁。
(34)　母権とフェティシズムとの関係はたいへん密接なのである。この問題については、ペラスゴイ人に関連させて起草した以下の拙稿をみよ。「母権とフェティシズム」、他との共著『母権論解読』世界書院、1992。
(35)　デュルケム『宗教生活の原初形態』上巻、385頁。
(36)　デュルケム著、宮島喬・川喜多喬訳『社会学講義―習俗と法の物理学』

みすず書房、1974、202頁。
(37)　デュルケム著、宮島喬訳「自殺論」、『世界の名著47』中央公論社、1968、121頁。
(38)　デュルケム『宗教生活の原初形態』下巻、345-346頁。
(39)　デュルケム著、麻生誠・山村健訳『道徳教育論』1、明治図書、1964、42頁。
(40)　同上、44頁。
(41)　参考としてトロブリアンド島の「クラ」と呪術とに関するマリノフスキーの記述を引く。「呪術は無用の長物ではなく、また仕事のじゃまにならないどころか、心理的な影響を与えることによって、仕事がうまくいくという自信をもたせ、また一種の生まれながらの指導者を人々に与えるのである。したがって、カヌー作りにおける労働の組織は、一方では所有者、職人、手つだいという機能の区分に、他方では仕事と呪術の協調に、依存しているのである」。マリノフスキー「西太平洋の遠洋航海者」、『世界の名著59』、177頁。フェティシズムにまったく無理解のマリノフスキーだが、事実を見る眼は鋭い。
(42)　商品フェティシュ、利子生み資本フェティシュを投げ棄てたあと、人類はふたたび交互運動としてのフェティシズム世界を再建するのであって、フェティシズム一般を放棄するのではない。そのようなことは、人類が人類である限り永久にあり得ないことである。なぜなら、フェティシズムとは、一つの精神運動であるとともに、一つの社会組織をも意味しているからである。ところが、マルクス―特に『資本論』のマルクス―は、転倒の廃棄を、フェティシズムそれ自体の廃棄と考えてしまったようである。イドルと化したフェティシュの廃棄たる所有批判を以ってフェティシズム総体への批判と勘違いしたらしい。マルクスの行為はせいぜいネガティヴ・フェティシズムの批判にとどまるものなのだ。彼は例えば「逆立ち」という現象を以って労働者搾取の陰蔽とし、関係それ自体を破壊しようとする。だが、可能なのは関係の破壊でなく、交互への関係の変革なのである。そこまで見通せない段階、すなわち『資本論』段階において唯物史観は袋小路に入った。以後、老エンゲルスは、進化主義に寄りかかって、この袋小路を意識せずにすごした。ただ老マルクスは、1882年秋、『ラボック・ノート』を執った時、この袋小路からの出口を見いだす糸口を再発見したのだろうと思われる。
(43)　儀礼が労働を組織するとの考えは、儀礼が社会的事実として存在することとも一致する。そのあたりの議論として、古野清人の次なる発言は興味深い。「トーテミズムでよく知られるように、原始社会では、儀礼はとくにすぐれた社会事実である。それはその社会の実在を最も如実に表象するからである。儀礼はまたモースのいう全体的社会事実である。儀礼は、それに参加する人々の相互間の〈贈与・交換〉の場である。それは経済的現

象である（マリノフスキーが観察したトロブリアンド島の「クラ」を想起せよ）。儀礼はまた部族または社会集団の伝統的な法典にもとづいて執行され特定の禁忌(タブー)を伴っている。（中略）儀礼はまた部族や氏族間の政治的抗争の解決の場でもある。そこにはまた古代ギリシアに見られるような競技、すなわち〈アゴン〉の要素も見られる。要するに、宗教、呪術、道徳、芸術、法律、経済などの複雑な要素を含んだ全体的な社会事実である」。古野清人『原始宗教』、199頁。

　とはいえ、儀礼は、現代人が大切にしている法制度とは次元を異にする、原始・先史ならではの独自な性格を備えたものであることも確かである。その点に関連することとして、ルネ＝ジラール『暴力と聖なるもの』に次の一文が読まれる。「彼らには、善なる暴力と悪しき暴力を区別する必要があるのだ。彼らは絶えず、悪しき暴力を除去するために善き暴力を反復更新しようとのぞむ。儀礼とは、それ以外の何物でもないのだ。すでに見たように、供儀に関する暴力が有効であるためには、それが、供儀とは無縁な暴力とできる限り似たものでなければならないのである。それが、我々にはさまざまな禁忌の説明しがたい逆転でしかないようにみえる儀礼が存在する理由である」。(60頁)「たしかに儀礼は暴力的であるが、それは常に、もっと悪い暴力にたいする防波堤を作りあげる最小の暴力である。儀礼は常に、殺人の後で贖罪のいけにえのまわりに作られる満場一致がもたらす平和のような、共同体が知っている最大の平和を樹立しようとつとめるのである」。(165頁)

(44)　物象化に普遍性のないことを、向坂逸郎も認めている。いわく「要するに、物神性の発見とは、物の関係として現われる事象の中に、社会を発見することである。したがって、問題は、社会関係がどうして物の関係として現れるかということにおかれている。すべての社会において、社会関係が物の関係という姿をとるものではない。ある特殊なる社会においてのみそうなのである。（中略）物神性の発見が『資本論』を画期的な著述たらしめる所以は、商品性の発見、したがってまた資本主義的商品生産の特殊歴史的性質の認識ということにかかっているのである」。向坂逸郎『マルクス経済学の基本問題』岩波書店、1962、162-163頁。この文脈上で向坂は、「社会関係が物の関係という姿をとるものではない」時代や社会について、何も語っていないが、そういう社会が存在することだけは諒解している。ここで向坂が述べる「物神性」とは、私の言うネガティヴ・フェティシズムのことなのである。また向坂は、すこし先の文章において、『ドイツ・イデオロギー』では「もはや明瞭に人間関係の物神化が私有財産とともに消滅することを述べている。意識的計画的社会の成立とともに、このような物神現象は消滅する」と語る。「このような物神現象」とは、私の言うネガティヴ・フェティシズムであって、それが消滅するのである。その後にはポジティヴ・フェティシズムが再来する。「偉大なる聖

なるもの、すなわち聖なる人間の高貴な、自由に相互に交流し合う構成分子」が再来するのである。そのことを、壮マルクスは失念していたが、老マルクスは、「ラボックは気づいていないものの」自分は気づいたのである。

(45) フェティシズムがはたして全地球的規模で先史に存在したのか、それとも限られた地域のものだったのか、或いはトーテミズムやアニミズム、シャーマニズムよりも先のものかその派生物か、といった問題は、本章の注（1）で多少触れた以外、本書解説で直接論じられていないし、私にはそれを確定する余裕も力量もない。いま言えることは、原初の交互的精神運動・社会運動をド＝ブロスにならって―或いは私なりにこれを再構築して―フェティシズムとし、これで原初の人間精神を代表させただけのことである。

(46) 一度成立した文化は、たとえそれが原初的なものであれ、人類生存の根本にかかわるものであるならば、永続する。「永続」の意味は、永遠不変ということでなく、〝後者（後代）は必ず前者（前代）から説明される〟ということである。例えば、マリノフスキーはアフリカを題材にして次のように述べている。「変化は、いかに革命的であろうとも、過去を完全に抹殺することはできない。変化は過去を部分的に変形させたり、皮相現象から没失させる。文化の基本的制度は、そのある種の機能を果たす形態がヨーロッパ人の接触という衝撃力で変形されようが、持続する」。マリノフスキー著、藤井正雄訳『文化変化の動態―アフリカにおける人種関係の研究―』理想社、1963、105頁。

　また、同様のことの例として、J・H・スチュワードはペルーを題材にして次のように述べている。「同様にスペインの宗教も、インカ文化に異なるレベルで別々に影響を与えた。カトリック教会は、これは封建制度のスペインで国家政治を認可し履行していたのだが、敵の国家宗教に寛大に振舞えず、インカの太陽信仰と完全に取って替った。全ペルー人は名目上のカトリック信者となり、キリスト教の神や聖人を受け入れ教会維持のために貢献したが、それでも彼らは、地方の神社、祖先崇拝、家庭の神々、シャーマニズムや宗教の他より低いレベルの諸形態を捨てはしなかった。カトリックの神父達は、これらのコミュニティや家族の習慣を、国教を脅かしさえしなければ害のない単なる『邪教』であるとみなして満足していた」。「最も重要なのは（中略）人類学が、正当で最終的な目的は文化の相違を看破して類似性に気付くことであり、文化的継起の中でそれぞれ独立していながら二重写しのような過程を確認することであり、時間および機能の両方の関係における原因と結果を認めることであることを認識することである」。J・H・スチュワード著、米山俊直・石田紅子訳『文化変化の理論―多系進化の方法論』弘文堂、1979、62-63頁、200頁。

(47) フェティシズムを人類史の発展の普遍的な軸に設定するからといって、

そのことは原始賛美・原始崇拝（原始に還れ）とは無縁であることを、この際蛇足ながら付言しておきたい。先史フェティシズムは闘争と和解の交互運動なのであって、静的なパラダイスなどでありはしない。火を使用したことで知られる北京原人は、集団で生活し、言語を用いていた。ところが、周口店洞穴から発掘された彼らの頭骨の欠損箇所をみると、彼らは仲間の脳を食べていたことがわかる。食人の風習（カニバリズム）、それとても先史フェティシズムの世界では、或る時は聖なる行為である。子孫によって食されて死ぬ老人は最高の幸せとも考えられたのである。したがって、彼らの飢餓的生活は、我々が理想の極として思い描くようなものでないことは確かなことである。ただ、人間の骨髄を食べて飢えをしのぐ北京原人にとって、死にゆく老人は「余剰」であって、彼らは共同体の余剰物を食べたとみることができなくもない。なお、食人習が摂食タブーの最初の一つとして禁止されるに至ったことについて、セミョーノフ『人類社会の形成』下巻、80頁をみよ。

(48) 本書でフェティシズムをⅠ、Ⅱ、Ⅲと区分する意味は行縲中に十分表明されている。これとは別に、すでにフェティシズムをⅠ、Ⅱと区分する研究がわが邦で発表されている。その研究とは丸山圭三郎『フェティシズムと快楽』紀伊國屋書店、1986、に示されたものである。丸山によるⅠ、Ⅱの区分法は私のものとは違う。以下に必要箇所を引用しておこう。「御存知のように、私はフェティシズムというコトバを二つの意味に使っておりました。フェティシズムⅠとフェティシズムⅡとに分けております。狭い意味のフェティシズムと、広い意味のフェティシズムという言い方もしております。狭い意味のフェティシズムというのは、どちらかといえば、マルクスの言った物象化に近いフェティシズムに――フェティシズムと物象化はもちろん違っていて、学問的には必ずしも一緒にならないんですけど、ここではそれは、おいておきまして――マルクスの言う商品貨幣のフェティシズムに近いものが、私の言う狭い意味のフェティシズムです。そういう物象化に近いフェティシズムというのは、なるほど文化の中にございます。そしてこれは我々に喜びを与えてくれません。先ほど言ったような画一化された状況というものも、確かに文化の一面ではございます。しかし、私は文化イコール制度だとは思わないんです。秩序だとも思いません。文化のある面が制度でありコードであり、秩序であって、文化それ自体はもっともっと流動的な、動きだと思っております。そういたしますと、広い意味のフェティシズムというものは、流動的な文化そもそもの姿であって、その流動的な文化が、惰性化して、停滞、止まってしまいますと、これが狭い方のフェティシズムになります」。(34頁) 私の場合は、丸山と違ってソシュールを度外視したフェティシズム論であり、丸山と私とでは切り込み方が違う。そのこともあってか、丸山が述べるフェティシズムⅠは、どちらかといえば私のフェティシズムⅡで、丸山のⅡは私のⅠ

注

137

になろうかと思う。或いは、丸山のⅡは私の場合のⅢなのかとも思う。いや、そのような比較は本書にとってさしたる意味をもつまい。本書執筆の目的はそのようなところにあるのではなく、私独自のフィティシズム史観、フィティシズム史学を全面展開することなのである。

【補論】フェティシズムと歴史知

　光と闇、愛と憎、完全と不完全、あるいは絶対と相対。これらの組み合わせはいずれも相補的である。双方がそろってはじめて双方が存在できる。片方だけではどちらでもないか、あるいはどちらも存在しないかである。例えば、神と人間の関係でみると、人間は神なくして存在し得ず、神は人間なくして存在し得ない。この世に神など存在しない、と言う人がいたとする。その人は自らの体内か心中に神を抱え込み、神人合一の存在となるだけである。ある神を信仰する人間にとってその神は自身が造ったものである。その人物は自身に合わせてせっせと神を創りだすのである。こうした神観念をフェティシズムといい、こうした神的存在をフェティシュという。その際、フェティシュは、宗教の領域のみならず、政治や経済など文化の総体において存在する。政治においては民主主義や人権が、また経済においては貨幣や資本がフェティシュである。いずれも反対概念ないし対概念によって支えられ、相補的な互換性をもっている。

　さて、こうしたフェティシズムは知の領域においても成立する。経験知・生活知、総じて感性知と、科学知・理論知、総じて理性知との関係がそれにあたる。感性知と理性知、あるいは非合理的知と合理的知とは、相補的になってはじめて存在できる。その枠構造を認め、双方を軸とする交互的運動の中において双方を動的に観察する。あるいは、その二種の知を時間軸上において連合させる21世紀的新地平、そこに立つ。こうしたパラダイムにおいて歴史知は成立し、歴史知学は体系として確立する。

　ところで、話題を知から歴史に移すとして、歴史は発展するか？　歴史は進歩するか？　歴史は循環するか？　古くからのこうした疑問に対して、現在のところ私は次の仮説を立てている。例えば自然界において循環（自然は四季や捕食被食を通じて循環する）と進化（自然は多様に変化する）とが連動しているのと同様、人類史にあっても循環と進化（進歩）は連動していて相補的であることが容易に認識できる。その先に私たちは、これまでに有力であった歴史観——循環史観と進歩史観——を連合させることができるであろう。それを私は「多様化史観（a diversification historical view）」と命名している。この「多様化史観」は、歴史知的立場から新たな世界観・社会観を構想している私独自の概念であり造語である。

参考文献
石塚正英著作選【社会思想史の窓】(全6巻) 第1巻　フェティシズム―通奏低音、社会評論社、2014。同、第2巻　歴史知と多様化史観―関係論的

あとがき

　いまから約 50 年前、月刊誌『情況』1969 年 11 月号に、実方藤男名で「疎外論と唯物史観テーゼ（Ⅱ）」という論文が載った。また、その 1 年後、月刊誌『構造』1970 年 11 月号に、広畑光男名で「共産主義と労働者階級」という論文が載った。その頃 20 歳の大学生であった私は、この 2 篇の論文に共通した或る主張にひどく惹きつけられた。それは、唯物史観における唯物論的必然、永久的法則に対する強烈な反論を含むものであった。「唯物史観による社会発展史の土台は、一般的物質ではなく、経済構造（市民社会）である。（中略）哲学者たちにわかりよいところの『疎外』が論理的には唯物史観の基盤であったのだ」。（実方論文、127 頁）「唯物史観は、（他のすべての哲学、思想と異なり）自らの歴史的存立条件を自らの論理の内に含んでいる。（中略）マルクスの唯物史観は『唯物論ではない』ばかりか、するどい意味における唯物論批判なのである」。（広畑論文、83 ～ 84 頁）この主張はすぐさま私自身の主張となって、当時結成したサークル歴史科学研究会でこの問題をテーマに採り上げ、サークル仲間と大いに議論した。またこの議論を大学祭パンフレット（1970 年 11 月）にもして、私自身はそれに「『疎外論』から『唯物論』批判へ」と題する一文を載せた。―その結びのことばは次のものである。―「唯物史観はしかし、単に認識論としてあるのではなくて、それは自らの論理的立脚基盤を論じ、それ自らの基盤の現在的な肯定の上に立つが故にその基盤を確認し、さらに未来的な否定をもその論理の中に含むこと（＝「疎外」の確認→「疎外」の廃棄）によって、自らの理論を成立させる前提的対象を、つまり「疎外」を批判する。唯物史観は歴史が唯物論的に説明されうることの確認から出発して、唯物論的な説明の不可能な、その意味での歴史の終末を志向する方向へすすむ。まさに、唯物史観は唯物論批判としてある」。（上条三郎『映画いちご白書みたいな二〇歳の自己革命』社会評論社、1996、150 ～ 153 頁。）

　通俗的唯物史観へのこのような批判的―すなわち超克的―関心は、大学卒業後労働の現場においても萎えることがなかった。1975 年にわが第一作『叛逆と革命―ブランキ・ヴァイトリンク・ノート』』（イザラ書房）を刊行した後、大学院に籍をおき、ふたたび唯物史観問題を文章化して、1978 年に「唯物論的歴史観再考察」（『立正西洋史』創刊号）として活字にした。さらにそれから数年して、私は唯物史観をめぐる一連の研究活動上で決定的な転機をもたらしてくれる、或る老研究者に出逢う。その老研究者とは、1981 年 11 月「第 1 回女性史研究の集い」会場（明治大学）で神戸の井上五郎に紹介された、熊本在住の布村一夫翁である。モーガン学者の翁は、その後の触れ合いの中で、私にモーガンのトライブ（部族）とクラン（氏族）とを、バッハオーフェンのムッターレヒト（母権）とアヴンクラート（母方オジ権）とを教授して下さるほか、ド＝ブロスのフェティシズムを教授して下さった。フェティシズムという語はともかくとして、ド＝ブロスという人物名は、実

のところ、私には耳慣れないものであった。フェティシズムのことをたんに物象化のヴァリエーション、比喩のごとくにしか諒解していなかったせいで、しばらくの間、モーガンとバッハオーフェンにひきつけられはしても、ド＝ブロスのことは放置することになる。しかし、翁は、或る時、翁の新刊『共同体の人類史像』（長崎出版、1983年）の巻末に解説を寄せよとおっしゃった。この著作（全5章）中、第1章は「フェティシュをなげすてる」であり、第2章は「共同体の人類史像」、そして第3章は「『文明の起原ノート』について」である。そのすべてを前以って読んではあったが、この著作のために解説を書き終えた段となって、私は、なにゆえ翁が熱っぽくド＝ブロスのフェティシズムを説かれるのか、その真意をようやく把握するに至ったのである。

　それから満3年して、拙稿「唯物史観と原始労働」を起草した。またそれと時を前後して、布村翁は私にマルクスの「フェティシズム・ノート」を読むようすすめられた。できれば私がみずから翻訳するようすすめられもした。このおすすめにはすぐさま従った。この時期には、もうすでに、すっかりド＝ブロス思想の虜になっていたのである。この『フェティシズム・ノート』翻訳を土台に、私は、1988年10月、社会思想史学会第13回大会（立正大学）で自由論題「マルクスの原始フェティシズム理解―ド＝ブロス著『フェティシュ諸神の崇拝』（1760）摘要〈1842春〉の解明」を発表した。この報告は翌1989年秋刊『社会思想史研究』第13号にも掲載されたのだが（拙著『フェティシズム―通奏低音』社会評論社、2014、121頁以下に再録）、この時すでに、1988年11月布村翁との対談（「インタビュー：神話とマルクス・フェティシズムとマルクス」、『社会思想史の窓』第57号、1989年2月刊に収録）を踏まえて、フェティシズムに関するまとまった著作の執筆を決意しており、1990年1月1日よりこれが実行にうつされた。こうして『フェティシズムの思想圏―ド＝ブロス・フォイエルバッハ・マルクス』（世界書院、1991）は生まれた。唯物史観の理論的限定性に関心を覚えてから20年の歳月が流れていた。

　ところで、私は、マルクス没100年にあたる1983年に記念出版を行っている。『マルクス思想の学際的研究』（長崎出版、1983年）である。2018年はマルクス生誕200年にあたる。本年もなにか記念を企画したいと考え、青年マルクスの「フェティシズム・ノート」を刊行することとした。この翻訳は、まずは『社会思想史の窓』第46号〜第50号、1988年3月〜7月刊に掲載し、のちに『フェティシズムの思想圏』に再録し、そしていま、マルクス生誕200年を記念して、『マルクスの「フェティシズム・ノート」を読む―偉大なる、聖なる人間の発見』と題して刊行することとしたのである。あわせて、『思想圏』の第5章、第6章を本書の第Ⅱ部に再録した。

　最後になったが、今春に引き続いて拙著を刊行して下さる社会評論社の松田健二代表に、あつくお礼を申し上げる。

2018年 盛夏　頸城野の大鋸町桝屋にて　　　　　　　　　　　　　　　　　石塚正英

石塚正英（いしづか まさひで）
1949年、新潟県上越市（旧高田市）に生まれる。
立正大学大学院文学研究科史学専攻博士後期課程満期退学、同研究科哲学専攻論文博士（文学）。
1982年〜、立正大学、専修大学、明治大学、中央大学、東京電機大学（専任）歴任。
2008年〜、NPO法人頸城野郷土資料室（新潟県知事認証）理事長。
主要著作
〔論説〕学問論の構築へ向けて、立正大学学生新聞会編集『立正大学学生新聞』第229-231号、1970年（歴史知と学問論、社会評論社、2007年、所収）
〔著作〕叛徒と革命—ブランキ・ヴァイトリンク・ノート、長崎出版、1975年
〔著作・学位論文〕フェティシズムの思想圏—ド＝ブロス・フォイエルバッハ・マルクス、世界書院、1991年
〔編著〕ヘーゲル左派——思想・運動・歴史、法政大学出版局、1992年
〔編著〕ヘーゲル左派と独仏思想界、御茶の水書房、1999年
〔著作集〕石塚正英著作選【社会思想史の窓】全6巻、社会評論社、2014-15年
〔著作〕革命職人ヴァイトリング—コミューンからアソシエーションへ、社会評論社、2016年
〔著作〕地域文化の沃土・頸城野往還、社会評論社、2018年

マルクスの「フェティシズム・ノート」を読む
—偉大なる、聖なる人間の発見—
────────────────────────
2018年10月21日　初版第1刷発行

著　者：石塚正英
装　幀：右澤康之
発行人：松田健二
発行所：株式会社社会評論社
　　　　東京都文京区本郷2-3-10　☎03(3814)3861　FAX 03(3818)2808
　　　　http://www.shahyo.com
組版・印刷・製本：ミツワ

Printed in Japan

石塚正英 ◀著作選▶ 社会思想史の窓

全6巻　各巻定価＝本体2,400円＋税

第1巻 フェティシズム──通奏低音

[フェティシズム]とは、神と人間(信徒)との間の[創造・被創造]および両者の地位をめぐる転倒現象をさしている。この語をやがてマルクスは経済学に応用するようになった。デュルケムは社会学に、フロイトは精神分析学に、それぞれ応用するようになった。そのように多様な使用方法のあるフェティシズムを、本選集では先史の精神(母権・神話・儀礼など)から現代思想(ロボティズム・近代の超克・アソシアシオン・フクシマ以後の科学論ほか)までの分析に応用している。

第2巻 歴史知と多様化史観──関係論的

自然界において循環(自然は四季や捕食被食を通じて循環する)と進化(自然は多様に変化する)とは連動している。人類史にあっても循環(社会は歴史的意識を通じて過去と現代とを循環する)と進化(文化は多様に変化する)は連動している。人間たちの営みにも自然界の摂理を見通すことができれば、この先に私たちはこれまでに有力であった歴史観──循環史観と進歩史観──を相互に連合させることができる。歴史知的視座である。

第3巻 身体知と感性知──アンサンブル

ここで議論される[身体知]は、本選集6巻連結の先に見えている新知平を示す。それは、ホモ・ファベル(道具を有する存在)からホモ・アルターエゴ(他我を有する存在)への人間存在の転換といえる。生産物(ロボットやコンピュータ)を道具と見なしうる主客二元の次元から、それらを[もう一人の対なる自己(アルターエゴ)]と見なす間主観的あるいは共同主観的知平の再構築である。

第4巻 母権・神話・儀礼──ドロ―メノン(神態的所作)

儀礼とは、人間(自然的存在=動物)が人間的存在になるための必須条件なのである。自然的存在(モノ)を神的存在にすることにより、人間(モノないし動物)は人間(神的存在)をつくりだす存在となった。これまで宗教学や哲学、経済学や心理学などで通説だった解釈、物神崇拝は人間が人間以下のモノにひれ伏す幼稚な観念、という解釈は間違っている。事態はむしろ逆である。神話は神を殺す。

第5巻 アソシアシオンの世界多様化──クレオリゼーション

20世紀が[一民族=一国家](単一性・グローバリゼーション)という垂直の統合化だったのに対して、脱近代の21世紀は[諸個人連合体](多様性・クレオリゼーション)という水平の連合化へと進む。この議論においては[市民主権]が意味をもつ。それは政治的な意味での権利や権力に留まるのでなく、社会的な意味での生活権や自然権への質的な転換を遂げていくべきものなのである。

第6巻 近代の超克──あるいは近代の横超

人類史は時間環境軸における過去と現在の相互往還(歴史知的座標軸)、および、空間環境軸における我と汝の相互往還(身体知的座標軸)の過程にある。近代文化=欧米文化は非近代文化=非欧米文化との連合から生まれた通時的および共時的なハイブリッドである。20世紀末に行き詰まった欧米文化の突破口は、おそらく非欧米文化との通時的・共時的連合であろう。近代の横超である。